Patina

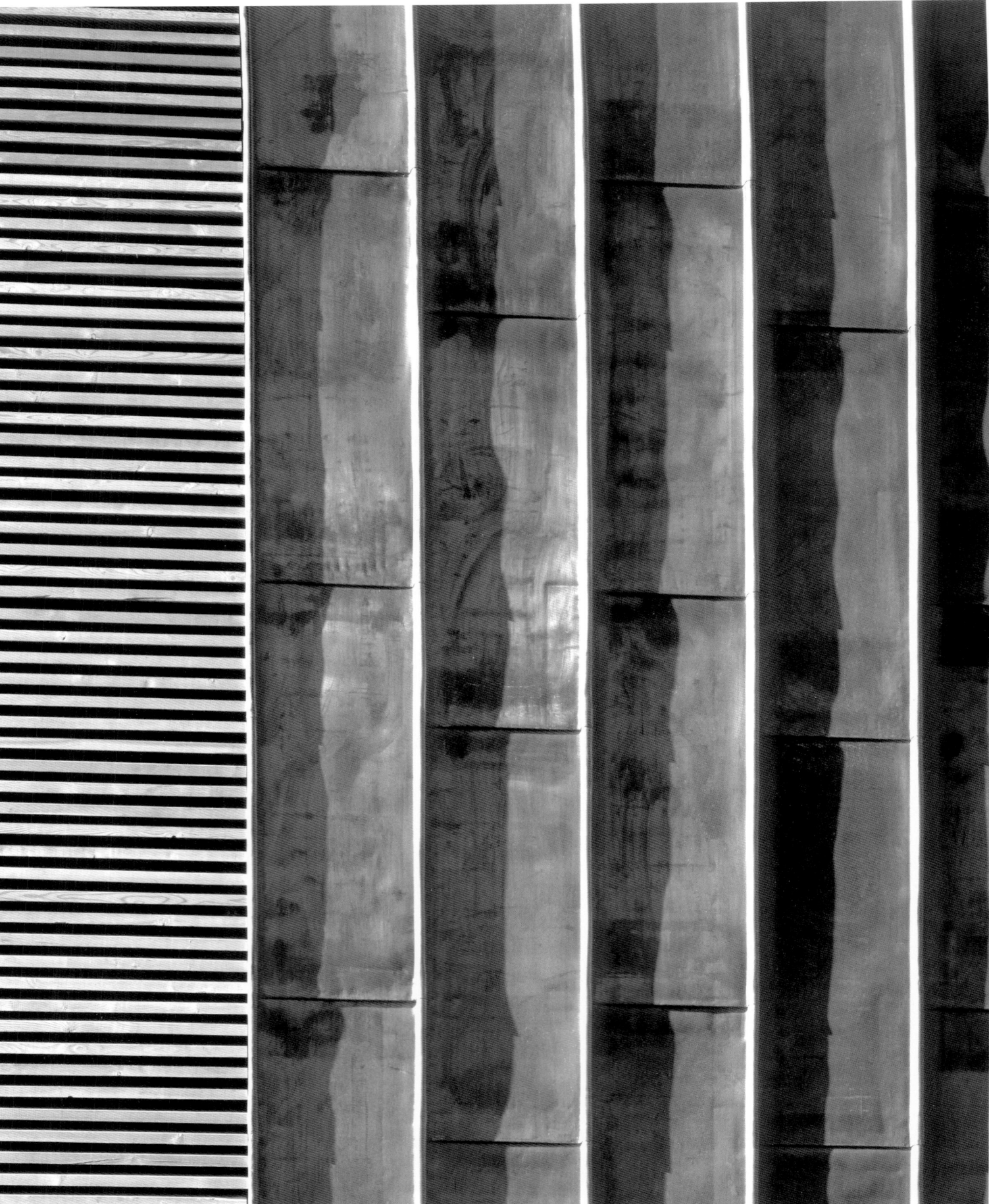

Hans Weidinger

Patina

Neue Ästhetik in der
zeitgenössischen Architektur

Deutsche Verlags-Anstalt München

Die Abbildung auf Seite 3 (Frontispiz) zeigt einen Ausschnitt
der Fassade des Bergbauarchivs in Clausthal-Zellerfeld,
Architekten: Gerkan, Marg und Partner, Hamburg (siehe
Seite 56 ff.).

Bibliografische Information Der Deutschen Bibliothek
Die Deutsche Bibliothek verzeichnet diese Publikation in der
Deutschen Nationalbibliografie; detaillierte bibliografische
Daten sind im Internet über http://dnb.ddb.de abrufbar.

© 2003 Deutsche Verlags-Anstalt GmbH, München
Alle Rechte vorbehalten
Grafische Gestaltung: Iris von Hoesslin, München
Lithographie: Reproteam Siefert, Ulm
Druck: Jütte-Messedruck GmbH, Leipzig
Bindung: Kunst- und Verlagsbuchbinderei, Leipzig
Printed in Germay

ISBN 3-421-03415-X

Inhalt

- 6 **Einführung**
- 11 **Kleiner kulturhistorischer Überblick**
- 17 **Verdichtete Zeit**
  Architektur und die Spuren der Zeit
  Jeremy Till
- 20 **Patina als Planungsansatz**
- 23 Interview mit Oliver Boberg
- 26 Interview mit Annette Zey
- 28 **Einwirkungen und Einflüsse auf Baumaterialien**
- 31 **Alterungsprozesse verschiedener Werkstoffe**
- 37 **Beispiele für moderne Architektur mit Patina**
- 38 Metall
- 60 Beton
- 78 Stein
- 96 Ziegel/Putz
- 102 Holz
- 114 Naturmaterialien

  Anhang
- 133 Ausgewählte Literatur
- 134 Architekten und Bildnachweis
- 136 Dank

Einführung

Patina verbindet man mit Nostalgie; es erscheint nahezu unmöglich, den Begriff anders zu verstehen. Jedenfalls vermutet man nichts, was ihn mit der Moderne verbinden könnte – doch dazu später. Versuchen wir zunächst seine Bedeutung selbst etwas einzugrenzen. Das Wort ist von dem lateinischen Wort für »Pfanne« hergeleitet und wurde in der Folge für den dunklen Besatz auf metallenen Kochgeschirren entlehnt.[1] Mehr ist in Thomas Bracherts Publikation »Patina, vom Nutzen und Nachteil der Restaurierung« nachzulesen: »Patina: das ist zunächst einmal ein Synonym für grünspanbehaftete Bronzen; von diesen hatte der Prozess der Bewusstseinswerdung für die malerischen Qualitäten alternder Baustoffe vor etwa einem halben Jahrtausend seinen Ausgang genommen ...« Im Weiteren wird aber auch auf die letztlich zerstörerische Wirkung des Vorgangs hingewiesen: »Der Begriff Patina schließt ... die plastische Deformation der Oberfläche ein.« Unbestritten haben wir es mit einem alltäglichen, natürlichen Prozess (siehe Abb. 1) zu tun, der wie kein anderes Phänomen für Vergänglichkeit steht. Patina lässt den melancholischen Ton eines Memento mori[2] anklingen, dem gemeinhin in unserer »Freizeitgesellschaft« kein hoher Stellenwert beigemessen wird. Glanz und Glimmer soll das ins Reich der Schatten verweisende Düstere und Tiefgründige übertönen. Dies gilt auch für unsere gebaute Umwelt: Die Wortführer einer schnellen virtuellen Cyberwelt und die Verfechter der traditionellen Dauerhaftigkeit stehen sich gegenüber. Vor allem aber die Mainstream-Architektur scheint heute ausschließlich von den schönen Bildern ihrer Oberflächen zu leben. Hochglanz-Prospekte, Computeranimationen und in kurzem Stakkato geschnittene Videos vermitteln uns geschönte, optimistische Bilder einer »schönen, neuen Welt«. Der Kommunikationsphilosoph Vilém Flusser (1920–1991) spricht von der »Veränderung der Oberfläche zur Oberflächlichkeit der telekommunikativen Bilderflut«.[3] Gerne hätten wir die Oberfläche der Dinge weiterhin als unveränderliche Konstante, als statische Wirklichkeit unserer Welt betrachtet. Die Erfahrung lehrt uns anderes. Henri Bergson, französischer Philosoph (1859-1941) formulierte es so: »Die Wirklichkeit erschien uns als ein stetes Werden. Sie wird oder sie ent-wird; sie ist ein nie fertig Gewordenes.«[4] Dem Entwerfenden oder dem handwerklich Tätigen, deren Ansporn in dem Willen zur Kreation von etwas anderem, etwas Neuem besteht, das frisch, aktuell und manchmal auch radikal sein soll, stellt sich eine Barriere entgegen, die sein Tun unweigerlich in Relation zur Zukunft setzt. Es ist, als sei der größte Feind des Neuen und Modernen die Zukunft, weil sie dessen Vergänglichkeit impliziert. Sofern ein Gebäude nicht als temporäres Objekt geplant wurde, sind Dauerhaftigkeit und langfristige Benutzbarkeit Kriterien, denen es sich stellen muss, spätestens dann, wenn es mit der endgültigen Fertigstellung seine »Feuertaufe« erhalten hat. Da Patina den zeitlich nicht begrenzten Verfallprozess einer Materialoberfläche kennzeichnet, ist auch unsere Wahrnehmung von Oberflächen dem Zeitlichen unterworfen. Solange wir klein sind, würden wir gerne den märchenhaften Zustand des ewig Gleichen festhalten. Was wir mit Kinderaugen sahen, verändert sich in unserer Erinnerung, unseren Traumbildern nicht. Eine frühkindlich geprägte Abneigung gegen den Verfall mag dann darauf beruhen, dass sich die Dinge verändern und sich uns entfremden – es sei denn, wir können in ständigem Kontakt mit ihnen bleiben. Im Erwachsenenalter tragen demnach unsere mit dem Unterbewusstsein verknüpfte Sinnlichkeit und unser Vertrauen in die Zukunft viel dazu bei, auf welche Weise wir Patina einem ästhetischen Urteil unterwerfen. Was für den einen Inbegriff von vergänglicher Schönheit ist, ist für den anderen gefühlsduselige Zukunftsfeindlichkeit. Diese Mehrdeutigkeit, Zeichen für die Ambivalenz eines möglicherweise schizophrenen Zeitgeistes, wird besonders in der aktuellen Architektur eklatant. Womit ließe sich sonst die Vorliebe all jener europäischen Akademiker, darunter auch so manche Architekten der Avantgarde, erklären, in Gründerzeit-Häusern zu wohnen, während sie zustimmend in einer Konsumgesellschaft leben, die wie keine andere vor ihr auf den schnellen Erfolg des ewig Neuen und Modernen aus ist? Ist das bloße Nostalgie? Oder könnte es sein, wie der Architekturkritiker Manfred Sack vermutet, dass ein »ästhetischer Gefühlshunger, ein Frösteln an der Gegenwart«[5] in uns ru-

1 Seewasser lässt Schiffsrümpfe rasch rosten.

mort? Der Mangel an Sinnlichkeit in der modernen Stadt, wie ihn schon Alexander Mitscherlich in seiner Streitschrift »Die Unwirtlichkeit unserer Städte« konstatierte, beruht sicher nicht allein auf den verwendeten Materialien. Es kann auch nicht sein, dass wir uns nur gegen Geschmäckerisches und für Technologie entscheiden müssten, wie es Martin Pawley,[6] entsetzt ob der postmodernen »Potemkinschen Dörfer«, einforderte. Auch die Frage, ob der Herstellungsprozess mehr dem Industriellen oder mehr dem Handwerklichen verpflichtet sein soll-

2 Schnelles Wachstum lässt sich an den Maßstabssprüngen in einer Straßenflucht New Yorks ablesen.

te, spielt keine so große Rolle wie die Brauchbarkeit des Produkts, es muss, wie der Architekturtheoretiker Vittorio Magnago Lampugnani postulierte, »... natürlich auch die Funktion menschenfreundlich sein«.[7] Er fügt hinzu, dass Architektur über die rein tektonische Machbarkeit hinaus mehr bewirken kann und muss, wenn sie zudem gesellschaftlich sanktioniert sein will: »Die Architekturgeschichte ist nichts anderes als eine Verkettung von Beispielen eines solchen Protestes [gegen den so genannten Zeitgeist, Anm. des Autors], der sich mehr oder minder radikal artikuliert ...« und »... alledem zum Trotz wird das

Recht auf Widerspruch des Architekten nach wie vor angefochten. Während man es dem Philosophen, dem Literaten, dem Maler, dem Bildhauer und dem Musiker nahezu diskussionslos zugesteht, droht man dem Architekten mit dem Finger, wenn seine Arbeit nicht der herrschenden Meinung entspricht und sich dem Verstand des kleinen Mannes verschließt.«[8] Die Avantgarde fordert aber in der Regel neue, noch nicht erprobte Materialien ein, versucht ihre Architektur mit dem Glanz des Brandneuen durchzusetzen. In Bezug auf die unver-

3 Ein ruinöses Haus in Istanbul wird im Erdgeschoss noch als Laden genutzt.

meidliche Materialität von Architektur scheint alles monokausal gedacht zu sein. Tatsächlich geht es aber um ein Zusammenspiel mehrerer Faktoren. Steven Holl, einflussreicher amerikanischer Architekt unserer Tage, drückt dies so aus: »Für mich ist das Material nichts als ein Werkzeug zum Ausdruck des Konzeptes. Gibt es kein Konzept, so ist das Ergebnis uninteressant ... Das Material ist das Fleisch, das dem Konzept Gestalt und Raum gibt. Die Gefahr ... dabei ist, dass sich das Material zum Selbstzweck entwickelt.«[9] Wenn also das Material im Entwurfsprozess selbst nur zweitrangig etwas mit dem Gelingen guter Gestalt

zu tun hat, wovon hängt es dann ab, ob wir die sinnliche Präsenz eines Bauwerks positiv wahrnehmen? Wir wollen hier Peter Zumthor, den bekannten Schweizer Architekten, dessen Gebäude – erinnern wir uns der Felstherme in Vals – viel von jener Sinnlichkeit vermitteln, zu Wort kommen lassen. In Erinnerung an einen Tanzsaal, der in einem Film dargestellt wird, resümiert er: »Natürlich denke ich hier an die Patina des Alters auf den Materialien, an die zahllosen, kleinen Schrammen in den Oberflächen, an den stumpf und brüchig gewordenen Glanz des Lackes und an die von der Abnutzung polierten Kanten. Aber wenn ich die Augen schließe und versuche, all diese physischen Spuren und meine ersten Assoziationen außer Acht zu lassen, bleibt noch ein anderer Eindruck, ein tieferes Gefühl zurück – es ist ein Verströmen der Zeit und ein Gefühl für das menschliche Leben.« Etwas weiter im Text heißt es: »Architektur ist dem Leben ausgesetzt. Ist ihr Körper empfindlich genug, kann sie eine Qualität entwickeln, die die Wirklichkeit des vergangenen Lebens verbürgt.«[10] Nicht nur die plakativen Kongruenzen mit dem menschlichen Körper wie der Modulor von Le Corbusier oder die Tatami-Matte in der japanischen Hausbautradition verdeutlichen die angestrebte Harmonie eines Baukörpers mit dem Bewohner, sondern auch die komplette (optisch, akustisch, olfaktorisch und haptisch) sinnliche Bandbreite der Erfahrung bringen uns der Architektur näher. Ein wichtiger Aspekt, der unser Verhalten zur gebauten Umwelt und ihrer Alterung kennzeichnet, soll am Schluss dieses Vorworts stehen: die Zunahme der Beschleunigung. »Es gibt dafür ein vielsagendes Beispiel. Bisher brauchte man nur eine Baugenehmigung, um etwas zu bauen. Heute braucht man dafür in den USA und bald sogar in Frankreich dazu noch eine Abrissgenehmigung. Die vorübergehende Dauer eines Gebäudes ist von den Planern also schon von Anfang an einkalkuliert. Das Gebäude hat aufgehört, etwas Dauerhaftes, geschweige denn Ewiges zu sein wie früher. Es ist eine Art Moment geworden, ein dreidimensionales Bild, das bald wieder verschwinden wird.«[12] Paul Virilio, Architekt und Essayist, bringt damit auf den Punkt, dass im Wesentlichen die Flüchtigkeit die Moderne auszeichnet. Ob wir nun technisch ausge-

Einführung 7

feilten Wohn- oder Büromaschinen oder den in traditioneller Handwerkstechnik gefertigten Baukörpern mehr Zukunftschancen einräumen, Tatsache bleibt, dass die meisten Gebäude in Europa analog zur durchschnittlichen Lebenserwartung eine mittlere Lebenszeit von achtzig Jahren haben (siehe Abb. 2 und 3); in Nordamerika dürfte diese Periode nach den Zahlen einiger Kritiker weit kürzer sein.[11] Blendend weiß verputzte Kuben oder polierte Stahl-Glas-Fassaden können die unausweichlichen Spuren der Zeit nicht dulden. Moder-

4 Alte Holzfenster mit abblätternder Farbe

ne Fassaden halten in der Regel nicht einmal vierzig Jahre. Alle beweglichen Teile, die starker Beanspruchung aus der Nutzung des Gebäudes unterliegen – man denke an Fenster (siehe Abb. 4 und 5) und Türen –, haben je nach Qualitätsstandard eine noch geringere durchschnittliche Lebensdauer. Mit Ende des Wirtschaftswunders gerieten die Bauprinzipien der Moderne deswegen auch in die Kritik, da sich immer komplizierere Verbindungen ergaben, die zum Teil schwer ausgetauscht werden konnten. Gleichzeitig schlug die Stunde der Kunststoffe und Mischwerkstoffe, deren Entsorgung, da sich Recycling wegen der schlecht trennbaren Rohmaterialien oft als schwierig entpuppte, unter heutigen Umweltkriterien zum Teil fragwürdig ist. Wenn wir die Verantwortung, mit unseren Ressourcen schonend umzugehen, um die Lebensbedingungen zukünftiger Generationen nicht einzuschränken, wirklich ernst nehmen, müssen wir uns auch mit dem Alterungsprozess unserer Gebäude beschäftigen. Es kann nicht angehen, dass wir nach der Ex- und-hopp-Philosophie Materialien verwenden, die, kaum gebraucht, schon wieder unter hohen Kosten einem Recyclingprozess unterzogen werden müssen, und das

vielleicht schon nach wenigen Jahren. Wenn Materialien an der falschen Stelle zum Einsatz kommen, verfallen sie schneller als sie patinieren können. Patina – richtig eingeplant – ist also nicht nur ein ästhetisches Phänomen, sondern gehört auch zum Moralkanon der Nachhaltigkeit. Günter Moewes, Professor für Bauökologie an der FH Dortmund, trug dazu bei, dass der physikalische Begriff der Entropie in den Architekturdiskurs Eingang fand. Analog zu thermodynamisch geschlossenen Systemen, in denen durch Umwandlungsprozesse zum Beispiel beim Schmelzen von Metallen ein irreversibler Potentialverlust eintritt, führt beim geschlossenen System »Erde« jeglicher Eingriff des Menschen zu mehr Müll, zur Vermischung und Zerstreuung von Ressourcen. »Das Entropiegesetz … verlangt, Altbauten generell länger zu nutzen als bisher üblich und Neubauten von vorneherein langlebiger anzulegen.«[13] Abschließend lässt sich feststellen, dass sich mit Ein-

5 Verfallsspuren an einer klassizistischen Fassade in Wien

setzen der Moderne in der Ästhetik die Grenze zwischen Verfall und Schönheit verschob. Erfreulicherweise findet das Thema Patina mit Ende der Postmoderne wieder Anklang – leider jedoch nicht in der öffentlichen Meinung. Die im Projektteil dieses Buchs vorgestellte Auswahl soll deshalb stellvertretend für andere Projekte als Beweis dafür dienen, dass ohne Verlust eines zeitgemäßen Entwurfsansatzes auch der Wandlungsprozess von patinierten Oberflächen durch Witterung und Gebrauch den Gebäuden zu einer größeren sensorischen Tiefe verhelfen kann.

1 Aus »Patina als Folge von Geschichte«. In: Rolf Toyka (Hrsg.): Patina. Junius: Hamburg 1996, S. 6.
2 Lat. »Gedenke, dass du sterben musst.«
3 Flusser, Vilém: Die Revolution der Bilder. Der Flusser-Reader. Bollmann: Mannheim 1995, S. 84.
4 Henri Bergson: Materie und Gedächtnis. Neuauflage, F. Meiner-Verlag: Hamburg 1991, S. 143.
5 Artikel aus der »Zeit« von 1985: »Erkältet an der Moderne«. In: Manfred Sack: Götter und Schafe. Birkhäuser: Basel 2000, S. 172.
6 M. Pawley: Theorie und Gestaltung im Zweiten Maschinenzeitalter. Vieweg: Braunschweig 1998.
7 V. M. Lampugnani: Architektur als Kultur. DuMont: Köln 1986, S. 264.
8 A. a. O., S. 281 ff.
9 In einem Interview mit der Zeitschrift Daidalos, Architektur – Kunst – Kultur, Heft 57, Magie der Werkstoffe II. Bertelsmann: Gütersloh 1995, S. 73.
10 P. Zumthor: Architektur denken. Birkhäuser: Basel 1998, S. 24 ff.
11 Aus M. D´Eramo: Das Schwein und der Wolkenkratzer. Kunstmann: München 1996, S. 54.
12 Paul Virilio im Gespräch mit Andreas Ruby: Im Zeitraum des Trajekts. Der Architekt. 3. 3. 1996, S. 171.
13 Siehe G. Moewes: Weder Hütten noch Paläste. Birkhäuser: Basel 1995, S. 76.

Kleiner kulturhistorischer Überblick

Wer kennt sie nicht, die venezianischen Paläste, deren morbider Charme sich in den Kanälen spiegelt? Die Stadtrepublik in der Lagune, der Thomas Mann mit seiner Novelle »Der Tod in Venedig« ein literarisches Denkmal gesetzt hat, ist zum Sinnbild für verfallende Schönheit geworden. Dieses Beispiel wirft die Frage auf, ob Patina an Gebäuden schon immer den Beigeschmack des Dekadenten hatte oder ob sich deren Bewertung auch im Lauf der Geschichte veränderte? Ohne etwas weiter auszuholen, scheint eine zufrieden stellende Beantwortung dieser Frage nicht recht möglich zu sein. Wenn wir uns mit der Kritik von Schönheit – oder Hässlichkeit – befassen, fällt auf, dass diese geschichtlichen Schwankungen unterliegt. Ästhetik hat, grob vereinfacht, mit der zeitgebundenen Übereinkunft darüber, was die meisten als schön bezeichnen, zu tun. Es ist ferner ein Gemeinplatz, dass unsere Empfindung für »schön« nicht auf einem rationalen Vorgang beruht. Wenn Schönheit also nicht logischer Kasuisitik entspringt, drückt sie offenbar die emotionale Befindlichkeit der jeweiligen Gesellschaft aus. Einfacher formuliert: Schönheit unterliegt der Mode. Diese diktiert die Ästhetik und scheidet die Geister. Sie bestimmt Insider und Outsider. Was »in« ist, braucht nicht mehr hinterfragt zu werden: es ist gut und schön zugleich. Manche ästhetischen Vorlieben sind aber auch archaischer Herkunft, da wir uns in vielen Primärbedürfnissen nicht grundlegend von unseren fellgekleideten Vorfahren unterscheiden. So spricht das Bild von mit Moos und Flechten bewachsenen, patinierten Steinen, zwischen denen eine Quelle sprudelt, bei den meisten tief liegende Bewusstseinsschichten an, die das Bild mit Wohlgefühl, vielleicht sogar mit einer versteckten Sehnsucht nach dem verlorenen Paradies[1] verknüpfen. Die Vermarktung von Mode arbeitet deshalb gerne mir solchen Klischees. Was bedeutet das für die Ästhetik unserer Gebäude und Städte? Wenn die jüngst gelobten Oberflächen die erste wirkliche Patina annehmen, ist in der Regel auch die Zeit reif für den nächsten Stilwechsel. Die ehedem frische Verpackung, die Dynamik und Vitalität verkörperte, erleidet durch die Patina eine Veränderung, die sich leicht mit dem matten Abglanz des Gestrigen in Verbindung bringen lässt. Rational zwar erst im Nachhinein von Kritikern nachvollzogen, verlaufen diese Veränderungen meist schleichend, treten nicht abrupt ein. Wie schon erwähnt, registrieren wir heute die zunehmende Verringerung der »Halbwertszeit« eines durchschnittlichen Gebäudes. Trotz oder gerade wegen einer höheren Technisierung der Bauprozesse müssen oder können – je nach Sichtweise – die Baumaterialien auf Kurzlebigkeit ausgelegt sein. Anders war es dagegen in der menschlichen Frühgeschichte: dort basierte das Bauen auf mehrere Generationen alten Erfahrungen, die zu differenzierter Auswahl von Materialien, die sich nach Abriss leicht trennen und wieder verwerten ließen, führten. Es waren natürlich vorkommende Rohstoffe organischer und anorganischer Natur, die von Menschenhand bearbeitet wurden. Gerhard Auer, Leiter des Instituts für Entwerfen in Braunschweig, meint daher: »Baustoffe sind von Natur aus künstlich.«[2] In seinen Ausführungen zum

6 Lehmverputzte Bauten der Dogon an der Falaise de Bandiagara in Mali

Stammbaum der Werkstoffe unterscheidet er zwischen fünf Material-Naturen, die sich im Laufe der kulturellen Entwicklungsgeschichte durch zunehmend kompliziertere Bearbeitungsstufen auszeichnen. Wir wollen hier nur die beiden ersten Phasen herausgreifen, auf die komplexeren kommen wir in einem späteren Kapitel zurück (siehe S. 33 ff.). Die Rohstoffe der »Urhütte« waren elementare Fundstücke wie Gras, Äste, Lehm, Steine oder Felle, die weitgehend unbearbeitet zu Behausungen gefügt wurden. Solche Beispiele archaischer Baukultur wurden im Laufe des letzten Jahrhunderts von Anthropologen erforscht und dokumentiert. Die Dogon zum Beispiel, ein afrikanischer Stamm, der sich vor den mohammedanischen Eroberern in die unwegsamen Steilhänge um Bandiagara zurückzog, fügen noch heute ihre Lehmburgen aus Bruchsteinen und bedecken diese mit einem Lehm-Stroh-Putz, der nach jeder Regenzeit erneuert werden muss (Abb. 6, 7). Die Patina sich ablösender Lehmputze, die westlichen Touristen so pittoresk erscheint, bedeutet für die Bewohner einen jährlichen Reparationsaufwand, ohne den ihre Gebäude dem Verfall preisgegeben wären.

Auf der zweiten Stufe nach Gerhard Auers Skala finden wir bereits eine verfeinerte Technik, die sich durch modellierte Rohstoffe auszeichnet. Die Baumaterialien werden vor ihrem Einbau durch einfache mechanische Bearbeitung sublimiert: Steine werden behauen, Häute gegerbt und Hölzer geschnitten. Nebenbei bemerkt, es ist jene Ära unserer Kulturgeschichte, auf die, laut Auer, die kulturkritischen Träume von Jean Jacques Rousseau (1712–1778) und Henry Thoreau (1817–1862) mit ihrem »Zurück zur Natur« abzielen. Vor diesem Hintergrund fällt auf, dass recht besehen nur »natürliche« Baustoffe akzeptabel altern können, da deren Zerstörung die Reste wieder der Natur zuführt. Übrig bleibt eine mehr oder weniger schnell verfallende Ruine, die von Pflanzen überwuchert, vom Regen ausgespült und vom Wind verweht wird.

Die Patina der frühen Stadt zeigte oft Spuren von Bränden oder mechanischer Zerstörung. Bei Eroberungen wurden Städte geschleift und die Herrschaftsinsignien der vorherigen Besitzer abgeschlagen. Sieben übereinander liegende Schichten verschiedener Bauepochen legte Heinrich Schliemann in Troja frei. Da die Mehrzahl der einfachen Gebäude aus ungebranntem Lehm bestanden, war deren Verfall ohnehin unausweichlich. Die weitgehende Beschränkung auf primäre Rohstoffe legte auch das Recycling von gut erhaltenen Bauteilen nahe. Bis ins Mittelalter wurden ruinöse Gebäude vergangener Epochen als »Steinbruch« für neue Gebäude betrachtet. Granitplatten älterer Pyramiden wurden für den Bau derjenigen späterer Pharaonen abgebaut. Römische Säulen finden sich als so genannte »Spolien« in der Moschee von Cordoba oder in romanischen Kirchen wieder. Ganze Häuserblocks stülpten sich über römische Amphitheater. Eichenbalken alter Bürgerhäuser wurden nach einem Einsturz für künftige Bauten gesichert. Es gab noch kein »Denkmal«, dessen bauliche Substanz als Ganzes unter Schutz gestellt worden wäre. Spät begann sich die Wertschätzung vergangener Epochen im Bewusstsein von Herrschenden und Beherrschten nachhaltig niederzuschlagen. Erst die Loslösung des Individuums aus dem Kollektiv, das die Gesellschaften des Altertums bis ins Mittelalter geprägt hatte, veränderte das geistige Klima des Abendlands. Von der Frühgeschichte bis ins Mittelalter war Patina, abgesehen von einer kurzlebigen Vorliebe einiger weniger Sammler für Bronzen und Statuen mit Firnis und Grünspan während der Römerzeit, eher ein unvermeidbares Übel. Die »Erfindung« von Patina als ästhetisches Merkmal geht mit der Wiederentdeckung der antiken Baudenkmäler einher. »In der Renaissance erscheinen die Ruinen des antiken Rom auch als Denkmäler für die führende Stellung in der Welt, die der ewigen Stadt aus damaliger Sicht über die Zeiten hinweg zustehen sollte.«[3] Diese Ausführungen des Kunsthistorikers Hubertus Günther erhellen die prägende Rolle der römischen Baukunst, die in den folgenden Jahrhunderten fortbestand, wenngleich er einschränkt: »Für die Italienreisenden des 18. Jahrhunderts hatte sich der Anspruch einer überzeitlichen politischen Bedeutung Roms allmählich verloren. Aber der Anspruch einer überzeitlichen kulturellen Bedeutung Roms lebte fort.« Die Überreste von Thermen (siehe Abb. 8), Tempeln und Palästen wurden Bestandteil akademischer Lehre. Die ersten Bildungsreisenden machten sich auf den Weg, um »die edle Einfalt und die stille Größe« des klassischen Altertums vor Ort zu studieren. Leider wurde im Übereifer der Idealisierung übersehen, dass die stark materialsichtigen Ruinen ursprünglich nicht so gefasst waren, wie man sie vorfand. »Spätestens seit der Mitte des 19. Jahrhunderts, nach den Einsichten von Quatremère des Quincy, Hittorf, Gottfried Semper und anderen, haben wir uns den klassischen Tempel eben nicht in reinem Marmorweiß vorzustellen, sondern in allen Teilen mit einer dünnen Stuckhaut überzogen, bei zum Teil lebhafter farbiger Betonung der Einzelformen und der plastischen Bauzier«,[4] fasst der Kunsthistoriker Michael Hesse zusammen. Ab der Mitte des 18. Jahrhunderts kam mit dem Klassizismus und der darauf folgenden Romantik die Tendenz auf, den Ruinen mit der Bedeutung eines weltentrückten Arkadiens zu verbinden. Veduten zeigen Schäfer und Liebende vor der Silhouette verfallender Städte oder Gebäude. Die Darstellungsweise hat eine ästhetische Wirkung pittoresker Szenen zum Ziel, die im Bildbetrachter die Empfindung eines paradiesischen Zustands hervorrufen sollten. Das blieb nicht ohne Folgen für die Architektur. Ironisch sublimierte Ruinenarchitekturen aus Tuffstein inmitten verwilderter Gärten wurden zur Staffage höfischer Koketterie.

7 Handauftrag eines Lehm-Stroh-Mörtels bei den Dogon

Wer in den verschlungenen Pfaden des Lustgartens von Sanspareil bei Bayreuth schlendert, versteht diese bukolische Sehnsucht nach dem Leben einfacher Leute allerdings als Phantasmagorie einer begüterten Schicht, die sich den Luxus leistete, die Patina von bemoosten Steinen als weltferne Maskarade für ein ausschweifendes Leben zu betrachten. Michael Hesse deutet die Ursache solcher Ruinensehnsucht als Versuch, den gesellschaftlichen Problemen auszuweichen: »Alles dies soll Orte vermeintlicher ländlicher Unschuld evozieren. Im Sinne der Wirkungsästhetik unterstützt Patina den Charakter der Architektur. Es ist allerdings eine vorgetäuschte Patina aus künstlichen Alterungsspuren: Bemoosung der Dächer, Fehlstellen im Anstrich, eingearbeitete Risse, bröckelnder Putz, auf Alt bemaltes Holzwerk. Die sentimentale Flucht aus der Gegenwart richtet sich nicht nur auf ferne Orte, sondern auch auf ferne Zeiten. Womöglich ist es die Sehnsucht nach sorgloser Ursprünglichkeit oder nach der längst vergangenen, vorgeblich harmonischen Ständeordnung.«[5]

Mit der Französischen Revolution von 1789 wurden solche Vergnügungen zu einer Farce, da es dem Volk um alles andere als die melancholische Aura von Ruinenarchitektur ging. Die folgenden, gesellschaftlichen Umwälzungen und Machtverschiebungen setzten nach und nach in ganz Europa jene Energie frei, die den Grundstein zur Dynamik des folgenden Jahrhunderts legte. Parallel zum Siegeszug der Technik verschob sich im 19. Jahrhundert der Fokus kulturgeschichtlichen Interesses allmählich von der Antike zum Mittelalter. Standen zuvor griechisch-römische Ruinen im Zentrum der kulturellen Orientierung, so waren es nun gotische Formen. Die Reflexion der Vergangenheit auf breiter Basis, von der Literatur über die Malerei bis zur Architektur, mündete in den Historismus. Mit der Industrialisierung ging die formale und funktionale Umwandlung der bisherigen Stadt einher. Was für die Forscher und Entdecker des späten 18. Jahrhunderts gilt, gilt ebenso für die Städtebauer um die Mitte des 19. Jahrhunderts. Während Erstere die Wandlung der technischen Möglichkeiten geistig vorweg nahmen, antizipierten Letztere, unter ihnen Haussmann in Paris und Cerda in Barcelona, die moderne Stadt. Da sich die meisten Architekten in akademischen Streitigkeiten verloren, ob jeweils mehr antike oder mehr gotische Formen die Fassaden artikulieren sollten, kamen die wesentlichen Neuerungen im Bauwesen nicht aus ihren Kreisen. Von den ersten Eisenkonstruktionen für Brücken und Bahnhöfe, entworfen von Bauingenieuren, führte der Weg zu den damals von Architekten und Kritikern manchmal geschmähten Prototypen industriellen Bauens. Dem Kristallpalast in London, der 1851 nach den Plänen des Gärtners und Gewächshausexperten Joseph Paxton entstand, folgen ähnliche Bauten in New York, Paris und München. Sie veränderten nicht nur die akademische Sehweise, sondern auch die gesellschaftlich akkreditierte Materialität in den Städten.

Doch angesichts des zunehmenden Schmutzes und Rauchs aus Dampfmaschinen und Fabrikschloten wuchs mit der Industrialisierung auch deren Kritik. Während Robert Owen in England oder Charles Fourier in Frankreich Utopien entwickelten, in denen die Rettung vor den Industriestädten die Rückkehr auf das Land, in grüne Gartenstädte bedeutete, sahen Karl Marx und Friedrich Engels den Ausweg nur in politischen Veränderungen. Die katastrophalen Zustände in den Städten, an denen sie Anstoß nahmen, beschreibt Charles Dickens in seinem Roman »Hard Times«, wenn er die imaginäre Kohlenstadt Coketown charakterisiert: »… Es war eine Stadt aus roten Ziegelsteinen, vielmehr aus Ziegelsteinen, die rot gewesen wären, wenn Rauch und Asche es zugelassen hätten; so aber sah die Stadt unnatürlich rot und schwarz aus, wie das bemalte Gesicht eines Wilden … ein schwarzer Kanal durchzog sie und ein Fluss, dessen Wasser purpurrot war von stinkenden Farbstoffen, und es gab riesige Gebäudemassen mit vielen Fenstern, wo es den ganzen Tag lang ratterte und bebte, und wo der Kolben der Dampfmaschine eintönig auf und ab stieg, wie der Kopf eines Elefanten in trübem Irrsinn …«[6] Dem Begriff Patina haftete in der Industriegesellschaft also die Konnotation des Abstoßenden, Giftigen und Inhumanen an. Die Gassen in Paris, die Arbeitervorstädte Londons und die Hinterhöfe Berlins waren übervölkert, unhygienisch und schrieen förmlich nach Reformen, nach der Herstellung menschenwürdiger Lebensbedingungen. Nicht nur Ärzte, sondern auch mitfühlende Literaten hatten sich den Kampf für bessere Wohnverhältnissen und für die Eindämmung von Seuchen auf ihre Fahnen geschrieben. Klärende Ansätze in der Architektur bahnten sich mittelbar durch John Ruskin und William Morris an. Deren Bestrebungen, das Serielle der Industrieprodukte mit der Einzelfertigung des Künstlers in Verbindung zu bringen, sollte zum Kunstgewerbe führen. Kleinproduktionszweige sollten in überschaubaren Werkstätten Gebrauchsgegenstände mit den Errun-

8 Ruinen auf dem Palatin in Rom

genschaften der technischen Praxis zu erschwinglicheren Preisen herstellen können. Die Absicht von Morris, dem Schüler von Ruskin, bestand darin, eine Kunst »vom Volk für das Volk« zu schaffen. Dass sein Ansporn ehrlicher Natur war, zeigt sich auch in seinem politischen Einsatz in der von ihm gegründeten Sozialistischen Liga. Dennoch war die Architektur am Ende des 19. Jahrhunderts in einer tiefen, nicht nur formalen Krise angelangt. Der Eklektizismus offenbarte sich unverblümt: griechische Tempelfassaden verbargen Kirchen oder Rathäuser. Gotische Elemente fanden sich neben Fachwerkgiebeln und islamischen Hufeisenbögen. Als letztes Aufbäumen oder als Vorwegnahme des Kommenden entwickelte sich in der Folge von Morris' kunstgewerblichen Anstrengungen zunächst die Arts-and-Crafts-Bewegung, in Frankreich und Belgien der Art nouveau und im deutschsprachigen Raum der Jugendstil. Wiederum war es die Rückkehr zur Natur, die die ersehnte Lösung verhieß. Florale Motive und die überschwängliche Ornamentik waren allerdings eher als retrospektiver Rückgriff auf die handwerkliche Tradition zu sehen. Die Materialauswahl war edel und sollte den Eindruck prunkvollen Schmucks unterstützen: engobierte Ziegel, gebeizte Zierhölzer, farbige Gläser, Messing, Kupfer und Blattgold zierten die Gebäude. Auch die bewusst eingesetzte Patina diente dem Zweck der Dekoration. Im Licht changierende, vorpatinierte Oberflächen vermitteln zwischen natürlichen Materialtönen und einer polychromatischen Gesamtfassung. Die Plastizität der Architektur erfuhr eine zunehmende Abstraktion. Im Vergleich zum Eklektizismus hatte das Relief geringere Betonung gegenüber der nun flächigeren Wirkung. Es deutet sich bereits die kommende Moderne an. Wir müssen an dieser Stelle einen Blick über die Grenzen unserer Kultur hinaus werfen.

Eine wichtige Einflusssphäre, die um die Wende vom 19. zum 20. Jahrhundert die künstlerische Avantgarde und ihr formales Repertoire mit prägt, darf nicht unterschlagen werden: die Kunst Japans und Chinas. Seit Japans Häfen sich auf Drängen der Amerikaner 1854 geöffnet hatten, gelangten auch japanische Kunstgegenstände nach Amerika und Europa. Maler wie Vincent van Gogh und Piet Mondrian, Schriftsteller wie Charles Baudelaire und Emile Zola schätzten den grafischen Stil japanischer Holzschnitte. Aber auch bei Architekten blieb die fremde Ästhetik nicht ohne Wirkung. Um 1889 wurde in Deutschland das Handbuch »Kunst und Handwerk in Japan« von J. Brinkmann veröffentlicht. Auch außerhalb Europas war dieser Einfluss spürbar, so etwa der japanischen Kultur auf den amerikanischen Architekten Frank Lloyd Wright (1869–1959), der von 1918 bis 1922 in Tokio lebte und in seinen Tagebüchern festhielt: »Während der letzten Jahre … hatten die japanischen Holzschnitte mich sehr gefesselt und mich vieles gelehrt. Das Ausmerzen des Unbedeutenden, der Vereinfachungsprozess, den ich selbst bereits eingeleitet hatte, fanden in diesen Holzschnitten seine Bestätigung. Und von dem Augenblick an, wo ich die Schönheit seiner Holzschnitte entdeckte, faszinierte mich Japan. Ich stellte fest, dass die japanische Kunst und Architektur ihrem Wesen nach wahrhaft organisch waren. Die Kunst der Japaner war erdennäher, sie war ein autonomeres Produkt eigenständiger Lebens- und Arbeitsbedingungen, infolgedessen stand sie meiner Meinung nach der Moderne weit näher als die Kunst irgend einer europäischen Kultur in der Gegenwart oder Vergangenheit.«[7] Die japanische Tradition unterscheidet sich jedoch grundlegend von der abendländischen. So fehlte ursprünglich ein Wort für »Architektur«, das erst durch den Kontakt mit dem Ausland geprägt wurde. Und die Japaner pflegen eine spezielle Form einer Ästhetik der Vergänglichkeit, wabi-sabi genannt; »wabi« verweist auf einen geistigen, philosophischen Weg, »sabi« dagegen auf ein körperlich fassbares Ideal. Der Architekt und Japankenner Leonard Koren versucht, den Begriff zu definieren: »Wabi-sabi bezeichnet die Schönheit unvollkommener, vergänglicher und unvollständiger Dinge. Es bezeichnet die Schönheit anspruchsloser und schlichter Dinge und es bezeichnet die Schönheit unkonventioneller Dinge.«[8] Klarere Worte finden wir in dem schmalen Bändchen »Lob des Schattens« von Tanizaki Jun'ichiro (1886–1965), der für westliche Vorstellungen unübliche ästhetische Werte der japanischen Tradition beschreibt. »Im Allgemeinen werden wir von innerer Unruhe erfasst, wenn wir hell glänzende Dinge sehen. Im Westen verwenden die Leute unter anderem für das Besteck Silber und Stahl und Nickel und polieren es, damit es möglichst glitzert, aber wir haben eine Abneigung gegen solche funkelnden Gegenstände. Zwar braucht man auch bei uns gelegentlich Wasserkessel, Sake-Schalen und -Flaschen aus Silber, doch sie werden nie poliert. Im Gegenteil, man freut sich, wenn der Oberflächenglanz verschwindet und sie mit dem Alter schwarz anlaufen.«[9] Im Folgenden präzisiert Jun'ichiro die unterschiedliche Auffassung von Patina im Osten und im Westen: »Man hört den Ausdruck Alterspatina und dergleichen oft, doch um die Wahrheit zu sagen, handelt es sich um den Glanz, der auf den Schweiß und Schmutz der Hände zurück zu führen ist … So betrachtet, darf man dem Ausspruch ›Guter Geschmack ist eine kalte Sache‹ auch noch hinzufügen ,und eine unsaubere dazu'. Jedenfalls lässt sich nicht leugnen, dass in dem, was wir als Raffinement schätzen, ein Element von Unreinlichkeit und mangelnder Hygiene steckt. Während die Abendländer den Schmutz radikal aufzudecken und zu entfernen trachten, konservieren ihn die Ostasiaten sorgfältig und ästhetisieren ihn, so wie er ist …«[10] In seinen weiteren Ausführungen verhehlt der Schriftsteller jedoch nicht, dass diese Form von Schönheit im modernen Japan im Schwinden begriffen ist. Auch Bruno Taut, der sich mit seiner Frau auf der Flucht vor den Nationalsozialisten 1933 nach Japan ins Exil begab, merkte kritisch zu der uralten Tradition an: »Die alten Meister der Teezeremonie haben die reine und intime Schönheit dieser Atmosphäre betont, sie haben erklärt, dass sie durch Wiederholungen verloren gehen würde, und sie würden sicherlich jeden Teil eines Teehauses von heute für Dutzendware halten … Das, was als einmaliger Ausdruck von Spiritualität und Persönlichkeit, von kontemplativer Natur, gedacht war, hat sich in erstarrte Regeln und trockenen Formalismus verwandelt – und das gilt nicht nur für die Bauteile, sondern auch für die Zeremonie selbst.«[11]

Zusammenfassend lässt sich sagen, dass Patina als ästhetischer Wert im Abendland wohl auf keiner virulenten Tradition fußt, anders als offenbar in Japan. Am ehesten ließe sich eine Tradition in außereuropäi-

12   Kleiner kulturhistorischer Überblick

9 Inmitten der Eukalyptuswälder Australiens wurde das Wohnhaus des Künstlers Tony Tuckson in den sechziger Jahren errichtet. Architekten: Allen, Jack & Coutier

10 Tony Tucksons Wohnhaus beinhaltet seine eigenen Gemälde und eine reichhaltige Sammlung von Aborigines-Kunst. Seit dem Tod des Künstlers wurde das Gebäude nicht mehr renoviert, nimmt zusehends »museale« Patina an.

schen Wurzeln, zum Beispiel dem arabischen Einfluß in Spanien, vermuten. Sichere Belege dafür finden sich allerdings nicht, obwohl die Vorliebe der arabischen Tradition für den Paradiesgarten, für die in Architektur eingebettete Natur, auch für eine Neigung zu patinierten Fassaden sprechen würde. Wer die Gärten der Alhambra in Sevilla besucht, verspürt im Löwenhof zwar jenes leicht morbide Flair, das aber wohl nicht die Intention der Erbauer war. Die arabische Kultur hat immer die klare Trennung zwischen der als menschenfeindlich betrachteten Natur und dem von Mauern geschützten Garten betont. Man denke an die abweisende Haltung jemenitischer Wüstenburgen. Patina wäre demnach ein Angriff der Natur auf die menschliche Behausung.

Mit der Moderne, wie bereits im Vorwort erwähnt, war Patina zum »Schandfleck« geworden. Gerade auch die weiß gekalkten Würfel des mediterranen Bereichs, die Le Corbusier auf seinen Reisen bewunderte und die er in die nördlichen Länder mitnahm, trugen insgeheim auch diese Unverträglichkeit mit Patina in sich. Griechenlands malerische Dörfer werden fast jährlich mit einer neuen Kalkschicht überzogen, nicht wegen der Touristen, sondern um den Bauunterhalt nach den Winterregen zu gewährleisten.

Im Kontrast zu minder stark patinierenden Glasflächen lassen sich allmählich verändernde Oberflächen aber gestalterisch polarisieren: Nach dem Tod des australischen Malers und Sammlers von Aborigines-Kunst Tony Tucson verändert sich sein im Stil der Case-Studyhouses Anfang der sechziger Jahre errichtete Haus unter mächtigen Eukalyptusbäumen zu einem Museum (siehe Abb. 9 und 10).

Im Dekonstruktivismus und in der Postmoderne führte die Kritik an der Moderne zu wirksamen Gegenbewegungen. Die Postmoderne betonte wieder die Geschichte, spielte mit der Ironie und benutzte Patina als Veredelung ihrer architektonischen Produkte. Ricardo Bofills Zementsilos wurden von Zypressen gekrönt und versuchten die modrige Aura von städtischen Ruinen vorzutäuschen. Louis Le Roys verwilderte Gärten auf Abbruchschutthalden spielten mit dem Charme von Trümmerfeldern. Dabei war die Abkehr von der Moderne eher mit handfesteren Argumenten verknüpft: »Wettrüsten, Entwertung der Arbeit, Umweltzerstörung, unkalkulierbar riskante Großtechniken, Verdatung und Vernetzung aller Lebensäußerungen: Wenn etwas so gründlich schief läuft, wie derzeit der Fortschritt der Moderne, liegt es nahe, die Flucht zu ergreifen. Man sucht nach neuen Horizonten, neuen Perspektiven.«[12] Burghart Schmidt, Philosoph und Schüler von Ernst Bloch, deutete damit Mitte der achtziger Jahre des vergangenen Jahrhunderts den geistig-moralischen Hintergrund der Postmoderne an. Der Moderne wurde ihr chimärenhaftes Doppelantlitz gleichsam als Spiegel vorgehalten.

Gerade in Nordamerika, in dem der Glamour Hollywoods die Armut in den Ghettos von Harlem oder Mexicali zu übertönen versucht, wird die »saubere Moderne« ad absurdum geführt. Beispielhaft für den Umschlagpunkt von der Moderne zur Postmoderne sei der zynische Spott des amerikanischen Schriftstellers Tom Wolfe zitiert, der in einer Tirade über die Tradition des Bauhauses und seine Folgen für den Internationalen Stil herzieht: »Jede Datscha zu 900.000 Dollar pro Stück in den nördlichen Wäldern von Michigan oder an der Küste von Long Island hatte so viele Stahlrohr-Geländer, Rampen, metallene Wendeltreppen mit genieteten Stufen, verspiegelte Glasflächen, ganze Böschungen aus Wolfram-Halogen-Lampen und weiße zylindrische Formen, dass sie aussieht wie eine Insektizid-Siederei. Ich habe erlebt, wie die Besitzer eines solchen Orts durch dessen Helles & Grelles & Reines & Feines & Leeres & Hehres an den Rand des sinnlichen Entzugskomas getrieben wurden.«[13] Deutliche Worte: moderne Architektur polarisiert. »Wohl temperierte« Patina könnte die Gemüter wieder besänftigen. Im Folgenden versucht Jeremy Till, Dekan an der University of Sheffield und Büropartner von Sarah Wigglesworth (siehe Projekt Seite 124) mit seinem architekturtheoretischen Essay den Einfluss der Zeit auf die Architektur wieder ins rechte Licht zu rücken.

1 Cordula Loidl-Reisch: Der Hang zur Verwilderung. Picus: Wien 1992, S. 7.
2 G. Auer in: Daidalos, Architektur – Kunst – Kultur, Heft 56, Magie der Werkstoffe I. Bertelsmann: Gütersloh 1995, S. 20 ff.
3 H. Günther in: Patina in der Geschichte der Kunst. In: Rolf Toyka (Hrsg.): Patina. Junius: Hamburg 1996, S. 27.
4 M. Hesse in: Patina in der Geschichte der Baukunst. In: Toyka (Hrsg.), Patina, S. 34.
5 A. a. O., S. 38.
6 Charles Dickens: Hard Times. Zitiert nach L. Benevolo: Geschichte der Architektur des 19. und 20. Jahrhunderts. DTV: München 1978, Bd. 1, S. 178.
7 Aus L. Benevolo: Geschichte der Architektur des 19. und 20. Jahrhunderts. DTV: München 1978, Bd. 2, S. 485.
8 Leonard Koren: Wabi-sabi für Künstler, Architekten und Designer. Wasmuth: Tübingen 1995.
9 Tanizaki Jun'ichiro: Lob des Schattens. Manesse: Zürich 1992, S. 20.
10 A. a. O., S. 23.
11 Taut, Bruno: Das japanische Haus und sein Leben. Hrsg. v. Manfred Speidel. Gebr. Mann: Berlin 1998, S. 259.
12 Burghart Schmidt: Postmoderne – Strategien des Vergessens. Luchterhand: Darmstadt 1986, S. 29.
13 Tom Wolfe: Mit dem Bauhaus leben. Athenäum: Frankfurt a. M. 1981, S. 8.

Verdichtete Zeit
Architektur und die Spuren der Zeit

Jeremy Till

Beginnen wir mit Kant. Die Erklärungen zu Raum und Zeit zu Beginn der ersten Kritik bedürfen einer Erläuterung: »… es ist deshalb ungezweifelt gewiss … und nicht bloß möglich … oder auch wahrscheinlich … [Die Kraft dieser Worte ist nicht zu leugnen], … dass Raum und Zeit, als die *notwendigen* Bedingungen aller äusseren und inneren Erfahrung … [Die Begriffe Raum und Zeit können nicht länger als selbstverständlich aufgefasst werden], … bloß subjektive Bedingungen aller unsrer Anschauung sind …«[1]

Und hier beginnt die erkenntnistheoretische Revolution. Kant behauptete, Raum und Zeit seien keine Eigenschaften von Objekten, sondern Bedingungen des Denkens. Sie sind gegeben als reine Formen der A-priori-Intuition; und in Relation zu den Bedingungen von Raum und Zeit sind alle Gegenstände reine Erscheinungen. Beginnen wir also mit Kant. Das haben viele getan, und ich tue es auch. Aber nicht um Kant zu erklären. Ich bin kein Philosoph. Meine Aufgabe ist es, Philosophen und hierbei insbesondere Philosophen der Zeit, zu Rate zu ziehen beim Nachdenken über einen Aspekt der Architektur. Die Philosophie wird häufig von Architektur-Schaffenden und Architektur-Kritikern benutzt und falsch verstanden, Architektur wird dagegen manchmal von Philosophen verwendet und ebenso falsch verstanden. Beide begeben sich in eine unheilige Allianz, wobei einer des anderen Eitelkeit befriedigt: physische Konstrukte gestützt durch mentale Tropen oder mentale Konstrukte illustriert durch physische Formen. Fundamente, Strukturen, Begründungen, Konstrukte – diese Wörter und viele mehr bauen Brücken zwischen der Architektur und der Philosophie. Auf sprachlicher Ebene treten beide in Analogie zueinander, sei es nun eine Sprache von Stabilität und Ordnung oder eine ungenaue, zweideutige.[2] Es gibt eine Parallele, die auf Struktur und Form (oder Unform) beruht und dadurch unweigerlich auf Kosten von Inhalt und Absicht geht. Im besten Sinne können die analogen Mechanismen so in Widerspruch zu einander treten, dass sie sich gegenseitig stimulieren, selbst dann, wenn die Diskussion in selbstbezüglichen, abgeschotteten Kreisen bleibt. Im schlimmsten Fall wird die Analogie herangezogen, um das architektonische Handeln anzuleiten. Es kommt nicht von ungefähr, dass Gilbert Deleuzes Buch »Die Falte« erschien, als eine Flut von gefalteten Gebäuden entstand, allen voran Peter Eisenmans Columbus Convention Centre. Die Vorgehensweise der Philosophen wird bei der architektonischen Formbildung angewendet. Wenn diese Taktik schon subversiv die traditionellen philosophischen Institutionen aushöhlt, dann bietet sie dementsprechend den Avantgarde-Architekten Spielraum für die Behauptung, Subversion sei auch ein Prinzip ihrer Arbeitsweise. Oft besteht Gefahr, dass die Arbeit als »politisch« bezeichnet wird, aber tatsächlich ein ineffektives Spiel in der »Politik zwischen den Formen« darstellt, wobei allzu leichtfertig die Politik von Raum und dessen Inanspruchnahme ignoriert wird.[4]

Anstatt der Versuchung nachzugeben, kausale Abhängigkeiten zwischen Philosophie und Architektur zu konstruieren, ziehe ich es vor, die Unterschiede zwischen den beiden Disziplinen zunächst zu definieren und diese dann aufzufächern. Meiner Meinung nach besteht das konstruktiv hervorstechende Merkmal der Philosophie in konzeptueller Distanz, die den Zugang zu den Denkansätzen einerseits und den untersuchten Objekten andererseits ermöglicht. In vielen Fällen resultiert diese Distanz aus dem Rückzug in weltferne Gebiete, intellektuelle Hochburgen, wobei die Bodenhaftung, der Bezug zur objektiv nachvollziehbaren Erfahrung verloren ging. In anderen Fällen erlaubt diese Distanz jedoch die produktive Neudefinition eines Untersuchungsgegenstandes. Philosophie gewährt den Luxus, einen Freiraum des Denkens, unbelastet von instrumentellen Zwängen, zu schaffen. Ein tatsächliches Ergebnis ist nicht notwendig. Das bedeutet allerdings nicht, dass solches Denken Absicht und Handlungsweise nicht strukturieren könnte. In diesem Sinn versuche ich Philosophie über die Zeit zu begreifen: sie soll mich mehr über die Entstehung von Architektur verstehen lehren. Es ist nicht meine Absicht, architektonische Theorien zu legitimieren, indem ich mich in die Bedeutungstiefe der Philosophie flüchte oder willkürlich gesammelte Zitate einstreue, in der Hoffnung, dass die übrigen Sätze dadurch höhere Weihe erfahren würden. Um es zu wiederholen: ich bin kein Philosoph, und dies ist kein Diskurs über die Philosophie der Zeit, kein Bergson, kein Heidegger. Ich bin ein Architekt, der den intellektuellen Raum jenseits der architektonischen Belange manchmal als nützlich und notwendig empfindet, um dort über die nächsten Handlungsschritte zu spekulieren.

Die Entstehung von Architektur folgt nie einem einfachen linearen Strang, wie es uns die Idealisten und Deterministen gerne glauben machen möchten. Es ist eher ein konstante Abfolge von Verhandlungen, zwischen inneren Absichten und äußeren

Zwängen, zwischen Sicherheit und Zufall, wobei sich verschiedene Arbeits- und Denkweisen beständig überlagern. In diesem Sinne will ich über Architektur schreiben. Absichtlich vermische ich Geschichte, Kritik, Anekdote und nicht abgesicherte Spekulation. In all dies eingestreut ist die Arbeit einiger Philosophen, die manchmal bewusst zu Tage treten, aber meist als latent wirksame Kraft die Richtung des Textes leiten soll. Indem ich dem Witz des Zufalls vertraue, stört es mich auch nicht zu wissen, dass dieser Essay ganz anders ausgefallen wäre, wenn ich statt Joyce und Lefebvre, sagen wir, Heidegger und Marx, in meinen Urlaubskoffer gepackt hätte. Wenn man über Architektur schreibt, sollte man nie Vorschriften oder Definitionen anstreben, da die Entstehung von Architektur in ihrer Komplexität sich dem Oktroyieren von direkten Vorschriften widersetzt. Der Essay als solcher will keinesfalls beanspruchen, in ihm würde eine Theorie formuliert. Schon der Versuch würde die falsch verstandene Spaltung von Theorie und Praxis aufrecht erhalten: eine Unterscheidung, welcher der Gedanke, dass die Architekturtheorie die Praxis regeln könnte, zugrunde liegt. Meine Hoffnung besteht dagegen in der Vorstellung, dass theoretisches und praktisches Denken nebeneinander existieren.

Gefrorene Zeit
»Kann Zeit nicht zurückbringen. Wie Wasser in deiner Hand halten.«
James Joyce: Ulysses

Zurück zu Kant. Erwecke eine Denkweise, die auf etwas reagiert oder sich gegen etwas stellt. »… Raum und Zeit, als die notwendigen Bedingungen aller äusseren und inneren Erfahrung.«

Wie für andere vor ihm und nach ihm, waren für Kant Raum und Zeit die realen Bedingungen der Erfahrung. Mit dieser Funktion werden sie zu zentralen philosophischen Kategorien erhoben: Raum und Zeit. Zeit und Raum. In Abhängigkeit voneinander verbunden, vermissen sie einander, wenn sie künstlich getrennt werden. Von den beiden Kategorien ist Raum diejenige, welche die Architektur im Allgemeinen in ihrem Diskurs für sich beansprucht. Oft auf eine Art und Weise, in der der Begriff Raum als philosophische Kategorie gleichbedeutend mit dem Begriff Raum als architektonischem Phänomen verwendet wird. Über Raum wird in der Architektur oft nachgedacht. Durch ihn als abstrakte Materie wird man gemäß dem Einfall des Architekten hindurchgezogen und -geschoben. Die Standardbegriffe in der Architekturdiskussion verraten es: geschichteter, gefalteter oder negativer Raum. All diese Wörter bezeichnen Raum als eine Art formalisierten Stoff. In seiner Abstraktion wird Raum losgelöst von seiner geschichtlichen und gesellschaftlichen Bedeutung und damit getrennt von seiner wesentlichen Verbindung mit der Zeit. Die Abstraktionen, als die Grundriss und Schnitt als gebräuchliche Methoden der architektonischen Präsentation verankert sind, werden von einem Architekten und Philosophen[5] als »absolut barbarische Maßnahmen, welche Raum bemessen sollen, aber Zeit nicht messen können«, beschrieben. Architektonischer Raum in seiner reinen formalen und konzeptionellen Herkunft wurde aller zeitlichen Faktoren entleert und wird nur mehr als formales und ästhetisches Objekt gesehen. Zeit wurde hinausgeekelt und damit eingefroren. Das ist kein Versehen; es ist auch kein Vergessen der Zeit. Vielmehr ist es eine bewusste Abwehrmaßnahme gegen den »Terror der Zeit«[6].

Le Corbusier wusste genau, was er tat, als er Brotlaibe und Fische zu wunderbaren häuslichen Szenen für die Bilder seiner frühen Villen arrangierte. Friere das Leben, friere die Zeit ein; kontrolliere die Zeit. Es ist ein Versuch, diejenigen Elemente der Zeit, die die unveränderliche Autorität der Architektur herausfordern, auszuklammern. Zeit wird besiegt, wenn man ihr das gefährlichste, aber auch das essentiellste Element, den Fluss, nimmt. Zustände von zyklischer Zeit (Jahreszeiten, Tag und Nacht, Wetter) oder von linearer Zeit (programmatische Veränderungen, Schmutz, Alterung, gesellschaftliche Verschiebungen) werden negiert oder manipuliert, um Harries' »Abwehr gegen den Terror der Zeit« zu organisieren, »… um Zeit innerhalb der Zeit abzuschaffen.«[6] Heutiges Architekturschaffen stellt deshalb ein Paradigma der Architektur dar, das einen idealisierten Moment der Konzeption festhält. Nehmen Sie die perfekten Bilder von Gebäuden, die aufgenommen wurden, bevor Menschen, Schmutz, Regen und Geschichte sich einfanden. Seit Beginn des 20. Jahrhunderts sind es diese Bilder, die den Hintergrund einer Geschichte der Architektur bilden, sowohl im Hinblick auf deren Produktion als auch auf deren Reproduktion; einer Geschichte, in der Architektur als stabile Macht betrachtet wird, die jenseits der dynamischen Kräfte der Zeit existiert. Gerade in der Rhetorik und der Arbeitsweise der Vertreter der Hightech-Architektur lässt sich diese Haltung gegenüber der Kontrolle der Zeit am besten identifizieren. Wie im Folgenden weiter ausgeführt wird, verleugnen die Protagonisten des Hightech in einer Doppelbewertung einerseits die zyklische Zeit, während sie andererseits die lineare Zeit zu kontrollieren versuchen. Man folgt den Glaubenssätzen der Moderne und gewinnt in der Hightech-Bewegung mit der Technologie eine zusätzliche und entscheidende Waffe.

Um die zyklische Zeitfolge von wechselnden Tagen, Jahreszeiten und Baujahren zu besiegen, kommen glänzende, harte, unveränderliche Oberflächen zum Einsatz, um die Einflüsse von Witterung, Schmutz und Unfall abzuschütteln. Eines meiner Lieblingsfotos zeigt zwei originalgroße Prototypen von Paneelen, an einem Kranausleger über der kargen Landschaft der Londoner Docklands hängend. Ein Paneel besteht aus rostfreiem Stahl, das andere aus Granit, ansonsten sind sie gleich. Im Vordergrund sieht man die Bauherren und die Architekten des zukünftigen Canary Wharf Tower stehen, um zwischen den beiden Materialien zu entscheiden. Es sieht aus, als scharrten sie mit den Füssen, weil sie die Entscheidung nicht treffen können, obwohl die Wahl eindeutig ausfallen muss. Lassen wir den Granit am Sockel für den Umgriff des neoklassischen Bestands. Der Turm hingegen, der den Naturkräften (Wind, Erdanziehung, Jahreszeiten) Widerstand leistet, muss mit blinkendem Stahl verkleidet werden. Etwas später, als das Gebäude sich bereits im Bau befindet, sind die Paneele immer noch mit blauen Schutzfolien versehen: ein Turm in Schrumpffolie. Als ich unter Freunden den Wunsch äußere, ich würde gerne mit dem Abstreifen der engen Folie beauftragt werden, um den glorreichen, schillernden Turm darunter freizulegen, heißen sie mich: »Fetischist!«.

»Stimmt!«, antworte ich ihnen, denn nur mit dem Fetisch der Oberfläche kann die Illusion der Kontrolle über die zyklische Zeit aufrechterhalten werden. Man muss hier *Corbusiers Gesetz von Ripolin* Referenz erweisen: »Es gibt keine schmutzigen, dunklen Ecken mehr … auf den weißen Wänden ist die Ablagerung toter Dinge aus der Vergangenheit nicht mehr zu ertragen, sie würden Flecken verursachen.«[8] Die Technologie schritt voran, Tünche wurde durch Metalle und Plastik ersetzt. Im Zuge dieser Entwicklung verloren wir den Zusammenhang, den Le Corbusier zwischen der visuellen Reinheit der Kalkfarbe und der moralischen Reinheit der getünchten Räume herstellte. »Tünche existiert dort, wo Menschen die ausgewogene Struktur einer harmonischen Kultur intakt erhalten haben.«[9] Die Hightech-Oberflächen werden nach ihren technologischen und ästhetischen Fähigkeiten und nicht nach ihrer gesellschaftlichen Resonanz gerechtfertigt.

Indem *Hightech zu etwas Ästhetischem reduziert* wird, liegt das Hauptaugenmerk nicht so sehr darauf, dass es *tatsächlich* zyklische Zeit negieren soll, sondern darauf, dass es so *aussehen* soll, als ob es das könnte. Offensichtlich haben jene Hightech-Jünger, sofern sie welche sind, noch nie eine Reinigung durchgeführt. Jeder mit gesundem Menschenverstand Begabte könnte ihnen erklären, dass Schmutz, stumpfer Belag und Farbveränderungen desto mehr auffallen, je glänzender eine Oberfläche ist. Als außen an den Gebäuden hängende Putzkörbe eine ihnen eigene Ästhetik bekamen,[10] wurde das Problem auf absurde Weise offenbar. Die Putzkörbe oder das Spektakel, wenn geübte Bergsteiger mit speziell entwickelten Saugnapfsohlen und Putzlappen auf die Pyramide des Louvre von I. M. Pei klettern, sind ein wichtiger Beitrag zur *Illusion*, dass Architektur nicht von den Spuren der Zeit betroffen wäre. In Wirklichkeit stellen sie nur Signale der Verstrickungen eines technologischen Determinismus dar, der Technologie anfänglich als Mittel zum Zweck und letztlich als Zweck an sich betrachtet. Eine Technologie (der Putzkorb) versucht einen Zustand zu lösen, der von einer anderen Technologie (die glänzende Oberfläche) geschaffen wurde, ohne zuerst die Wirksamkeit jener Technologie zu hinterfragen.

Umweltsysteme hinter den Fassaden werden dazu benutzt, die Auswirkungen von Tag- und Nacht- oder Jahreszeit-Kreisläufen zu regulieren. Wärme, Licht und Kühle werden erzeugt, um unabhängig von äußeren Rhythmen ein gleichmäßiges Zeitgefühl zu schaffen. Gebäuderegelungssysteme arbeiten im Hintergrund mit. In der Mode, Hightech-Gebäude als Computer-Renderings bei Nacht zu präsentieren, verbirgt sich der Wunsch zu zeigen, dass diese Gebäude und ihre Technologie (in der Repräsentation und auch real) fähig sind, sogar mit der ältesten aller Bedrohungen, derjenigen der Nacht, fertig zu werden. Wenn wir unser Augenmerk auf die lineare Zeit der Geschichte richten, stellen wir fest, dass die Technologie der Hightech-Architektur für gewöhnlich die Zeit kontrolliert. Ende des 20. Jahrhunderts finden sich die fortschrittlichen Behauptungen des Hightech und die reaktionären der Traditionalisten auf den Seiten ein und derselben Münze wieder. Beide teilen die Einstellung, dass Architektur einen besonderen zeitlichen Zustand darstellt und ihn gleichzeitig einfriert. Die brüske Vereinnahmung vergangener Architekturgestaltungen durch die Traditionalisten versucht auf einen Schlag die Ästhetik selbst und die Werte, die sich mit jener Ästhetik verbinden, aufzubieten. Wenn man diesen perfekten Bildern ein paar Personen hinzufügt, kann man nur hoffen, dass auch sie mit der Zeit die Tugenden des eingefrorenen Moments annehmen. Poundbury ist der herausragende Vertreter jener Gruppe, die moralische und ästhetische Werte in Verbindung bringt, wobei sie praktischerweise die Feudalsysteme, welche in erster Linie jene Werte hervorgebracht haben, außer Acht lässt und sich stattdessen über die Auswahl von Straßenlaternen durch die Bürger den Kopf zerbricht. Aber wie alle Fertigmischungen (»Sie müssen nur noch Wasser hinzufügen«) kann das Ergebnis nie die Vielfalt des Originals erreichen, vor allem dann nicht, wenn das Original den Wechselfällen der Zeit unterworfen ist. So wie uns Joyce daran erinnerte, dass die Zeit der Wiederholung durch die Finger rinnt (»Can't bring back time. Like holding water in your hand«).

Während die Traditionalisten vergeblich den Moment eines verlorenen Zeitalters herbeisehnen, führt die Hightech-Bewegung ihren Äußerungen nach den Moment der unmittelbaren Zukunft herbei. Es ist bezeichnend für die generelle Tendenz der Moderne des 19. und 20. Jahrhunderts, sich selbst in einer speziellen Beziehung zu anderen Epochen wahrzunehmen. Moderne wird nicht nur »in eine lineare Sequenz chronologischer Zeit« gestellt, sondern transzendiert die Vergangenheit und gewinnt dadurch »eine Neuorientierung in Richtung Zukunft«[11]. Eines der Ergebnisse dieses Umbruchs besteht darin, dass Zeit in separierte Epochen aufgesplittet wird, wobei jede für sich einer isolierten, aus dem dynamischen Kontext herausgerissenen Darstellung unterworfen werden kann. Für Hightech-Architekten lässt sich jene Zeit einerseits als eine historisierende Abstammungslinie des Fortschritts verstehen, als eine deterministische Reihe separierter Momente, andererseits als etwas, von dem Architektur das Recht bezieht, sich mit einer Geste formalen und technologischen Fortschritts auszudrücken.

Viel wird darüber gesprochen, dass Gebäude den Geist einer Zeit ausdrücken, und als Grund dafür wird die Technologie genannt. Technologie wird als Emblem für Neuheit angeführt. Fortschritt wird an immer ausgeklügelteren Verbindungen, immer komplexeren Systemen und immer glänzenderen Oberflächen festgemacht. In weiten Teilen der Hightech-Rhetorik mutet diese Projektion einer geläuterten Zukunft wie der Jargon von Kreuzfahrern an: Die Architektur unterliege der moralischen Verpflichtung, für die nächste Epoche gültig zu sein. Tatsächlich ist diese Darstellung schlicht eine Ästhetisierung eingefrorener Zeit. So mag der Architekt Jean Nouvel behaupten, dass »die Möglichkeit, die Werte, die in dem jeweiligen Moment verborgen sind, aufzugreifen und einzufrieren, die wahre Macht der Architektur bedeute«. Aber diese Macht ist illusorisch. Je mehr man die Oberfläche poliert, die Technik verfeinert, Handlungen, die immer verzweifelter wurden, je mehr wir uns dem großen Augenblick der Zeit, dem Millennium, näherten – da gab es etwas Großes festzufrieren –, desto eher schlüpft die Zeit durch die Hintertür herein, um die statische Perfektion zu durchkreuzen.

Wenn Bruno Schulz mahnt: »Aber um Gottes Willen, lasst die Zeit sein!«, mag er jene unterkühlten Architekten direkt ansprechen: »Genug davon, hütet euch vor der Zeit, die Zeit ist unantastbar, die Zeit darf man nicht provozieren! Habt ihr am Raum nicht genug? Der Raum ist für den Menschen da, im Raum könnt ihr nach Belieben schweben, Purzelbäume schlagen, umhertoben, von einem Stern zum anderen springen. Aber um Gottes willen, lasst die Zeit sein!«[12] Und doch hören Architekten nicht auf, diese unbezähmbare Kraft zu verleugnen, in dem Glauben, Zeit könne in der Architektur entweder technisch oder gestalterisch angehalten werden. Unter den unumstritten anerkannten Hightech-Gebäuden hat vermutlich das Centre Beaubourg von Piano und Rogers am ehesten versucht, der Zeit zu entfliehen. Nur zwanzig Jahre nach seiner Fertigstellung wurde das Gebäude wegen Restaurierung geschlossen. Wie eine Kathedrale von Gerüsten eingehüllt, zollt es der Großartigkeit eines neuen alten Gebäudes den passenden Tribut. Wenn die Kathedralen von den Gerüsten befreit werden, kann man gewiss sein, dass sich eine Restaurierung zeigen wird, eine Restaurierung in den historischen Ursprungszustand und in einen besseren Bauzustand. Beim Beaubourg ist das, was sich zeigen soll, weniger gewiss vorhersehbar. Das Schrumpfen der Zeitspanne bis zur notwendigen Restaurierung auf zwanzig Jahre, verwirrt unser Gefühl dafür, aus welcher Zeit das Gebäude stammen könnte. Die Verwirrung wird noch verstärkt durch das intendierte Zeitmodell, das im Beaubourg eingeplant wurde: Es sollte fähig sein, dem Wechsel Rechnung zu tragen, und seine Flexibilität aufdringlich durch die Ästhetik seines Skeletts und seiner Einzelteile vorführen. Wenn die Gerüste also fallen, wird es dann authentischer sein, wenn es eine völlig andere Garnitur von Subformen innerhalb seines Skelettgerüstes zeigt, oder sollte die tradierte Idee der Authentizität eine Rückkehr zum Ursprungszustand gefordert haben? Die Antwort darauf findet sich vielleicht in einer früheren Veränderungsphase. Als Gae Aulenti die Rhetorik der Flexibilität für bare Münze nahm und einen Container für die Ausstellung moderner Kunst hineinstellte, schlugen das Gebäude und seine Liebhaber zurück. Aulentis geschlossene Räume und statische weiße Wände wurden als Verrat an der Offenheit und Transparenz des Gastgebäudes betrachtet. Der Angriff und seine Nebenwirkungen wären schonungslos. Mag das Gebäude auch flexibel sein, so doch nur auf bestimmte Weise. Natürlich ging es auch um Stilfragen, aber am auffälligsten ist, dass es nicht so sehr darum ging, dass das Gebäude wirklich flexibel ist, sondern dass es als solches betrachtet wird. Das Beaubourg repräsentiert somit einen einzelnen Augenblick der Zeit, der den Fluss der Zeit symbolisiert. Dies dient als Identität stiftendes Merkmal der zeitgenössischen Welt, in der das Gebäude entworfen wurde. Dadurch verdichtet sich das Bild des Beaubourg zur Ikone und passt genau in die Genealogie monumentalistischer Epochen, in denen Gebäude sich über den wirklichen Zeitkorridoren bewegen. Und dennoch, eines ist sicher: wenn das Gerüst abgebaut ist, wird das Beaubourg sauberer sein. Und noch etwas ist ebenso klar: die Sauberkeit wird ein Gefühl der Hilflosigkeit hervorrufen angesichts dessen, dass Zeit sicherlich einmal mehr darüber hinwegbrausen wird, um das hygienische Bild der Auffrischung aufzuwirbeln. Es besteht immer eine Spannung zwischen dem, was die Architektur zu sein glaubt, und dem, was sie tatsächlich ist. Im Fall von Beaubourg und den Zeiten, für die es zu halten gemacht ist, aber offenkundig festgehalten wird, dehnt diese Spannung das Gebäude, ohne es zu zerbrechen. Es bleibt großartig, nicht wegen seines ursprünglichen Status einer Ikone, sondern gerade deshalb, weil sich ihm die Zeit entgegenstellt, um es neu zu formulieren. Um diese Neuformulierung jedoch nicht als einen Affront gegen die Autorität der Architektur, sondern als etwas Positives zu begreifen, muss man die Gleichung umdrehen: Zeit darf nicht so betrachtet werden, als ob sie in der Architektur festgehalten würde, sondern im umgekehrten Sinn, als Architektur in der Zeit. Heimlich hoffe ich im letzteren Sinne, dass ein paar der Röhren vernünftigerweise in eckige Kanäle verwandelt worden sind, wenn die Gerüste abgebaut werden.

Verdichtete Zeit

»Halte dich an das Jetzt, an das Hier, durch das alle Zukunft in die Vergangenheit verschwindet.«

James Joyce, Ulysses

Zurück zu Kant. Zum letzten Mal. Er beginnt seine »Kritik der Reinen Vernunft« mit den Worten: »Die Zeit ist kein empirischer Begriff, der irgend von einer Erfahrung abgezogen wurde.«[13] Diese Worte setzen sich über unser allgemeines Verständnis der Idee hinweg, dass Zeit eine Bedingung der Welt sei, die sich über die Erfahrung von Welt erklärt. Kant jedoch führt dagegen ins Feld, dass »Zeit in den Dingen enthalten ist«. Für ihn ist Zeit keine Eigenschaft der Dinge, sondern eine Form der Intuition – in Bezug zur Zeit kann die Intuition eines Objekts »nicht im Objekt selbst erkannt werden, sondern im Subjekt, dem das Objekt erscheint.« Es ist das autonome Subjekt, das Vorstellungen von Zeit in die Welt bringt und nicht umgekehrt. Weil das Subjekt »tatsächlich Vorstellungen der Zeit und Festlegungen von ihr hat«, kann Zeit als »vor den Objekten und deshalb a priori« behandelt werden. Zeit ist für Kant deshalb eine »Form der Anschauung«, die vor unserer Erfahrung der Welt steht. Die rationale Vernunft ersetzt klarerweise das Temporäre der Welt und ihrer Objekte. Jeder Versuch, die Präzision Kantscher Beweisführung über den rohen Rumpf der Architektur zu stülpen, muss als dummer Fehlversuch enden. Ich wäre der Letzte, der kausale Verbindungen zwischen Kants Ansichten von der Zeit und der Einbildung moderner Architekten, Zeit einfrieren zu können, herstellen wollte. Wie sublim auch immer, bleibt dennoch ein wichtiges Vermächtnis der Aufklärung bestehen: das des rationalen Subjekts, das das Wissen als vorrangig vor der Erfahrung betrachtet. Ein Vermächtnis der eigenartigen Vorherrschaft des Geistes über die Materie. In vereinfachter Form (ohne Kants leitende starke Hand) verwandelt sich diese Macht des Geistes über die Materie in eine Einbildung. Diese Einbildung hat dem Architekten die Illusion ermöglicht, dass Gebäude über die Zeit hinaus trotz deren bitterer Realität existieren könnten. Diese Einbildung zu überwinden, bedarf es einer Umkehr der Kantschen Gleichung, nämlich alle A-priori-Auffassungen von Zeit zu vergessen und zu akzeptieren, dass unser Wissen von der Zeit ein Produkt unserer Erfahrung ist. Man sollte dabei eingestehen, dass Zeit eine Bedingung ist, »die über jede konstitutive Handlung des Individuums hinausgeht und dieser vorausgeht«.[14] Unsere Erfahrung der Welt wird ganz und gar von den verschiedenen Zeitmodalitäten beeinflusst. In diesem Licht wird Zeit (in all ihren Gestalten) nicht als eine Abstraktion verstanden, die intellektuell verordnet wird, sondern als phänomenologische Unmittelbarkeit auf menschlicher und sozialer Ebene. Gebäude und die Körper, die jene bewohnen, existieren in der Zeit. Ein Verständnis des Temporären der menschlichen Existenz, der Lebenszeit, beinhaltet auch Anhaltspunkte für die Annäherung an das Temporäre der Architektur.[15]

Es ist das Werk eines Schriftstellers, nicht das eines Philosophen, das die gelebte Zeit sehr dezidiert beschreibt: es sei unmöglich, diese in eine ordentliche Reihe von Kategorien einzuordnen. Im Ulysses verwebt James Joyce Stränge von epischer Zeit (die Zeit der Götterwelt Homers), natürlichen Zeitzyklen (Flüsse und Treibsand), historischen Zeitzyklen (das ständig betonte Gefühl irischer Identität), linearer, historischer Zeit (die besondere chronologische Antwort auf die Kolonisierung), die persönliche Zeit (Joyce' eigenes Leben, das sich auf den Seiten findet), die verschwommene Zeit (aufgeschnappte Erinnerungen), fokussierte Zeit (die endlosen Zeitungen), die Zukunft anderer und die eigene Zukunft (wann werde ich dies beenden?) … und so fort. Die Beziehung zwischen diesen Handlungssträngen bleibt ruhelos, so dass keine zeitliche Modalität über die jeweils andere vorherrscht. Anders als in vielen phänomenologischen Philosophien über die Zeit, in denen die Gegenwart von der Vergangenheit unterjocht wird, koexistieren beide in einer übereinstimmenden, sich ständig weiterentwickelnden Beziehung zueinander. Die Gegenwart bleibt immer in Reichweite der Zukunft, indem sie sie vorherbestimmt. (»Kommende Augenblicke werfen ihre Schatten voraus«, grübelt Bloom). Ulysses ruft ein Gefühl der Zeit hervor, das nicht als eine Reihe scheibchenweise aufeinander folgender Momente[16], sondern als expandierte Gegenwart[17] gilt: verdichtete Zeit. Es ist eine Gegenwart, die die Vergangenheit aufsammelt und mit der Zukunft schwanger geht; jedoch nicht in einer einfachen linearen Art und Weise (»Halte dich an das Jetzt, an das Hier, durch das alle Zukunft in die Vergangenheit verschwindet«).

Zeit wird im »Ulysses« mit dem literarischen Mittel der Epiphanie dargestellt »dem Moment, in dem uns die Seele des gemeinsten Objekts in einer plötzlichen Enthüllung seines Soseins strahlend vorkommt.«[18] Diese Erscheinungen schaffen mit all ihrer direkten Gewöhnlichkeit und ihrer teilweisen Komplexität im Ulysses eine Konzentration auf den Alltag als den Ort außerordentlicher Produktivität. Für Joyce befindet sich Zeit in den alltäglichen Dingen und Gegebenheiten von Dublin. Zur Erinnerung: Kant behauptet, dass Zeit nicht in den Dingen liege. Joyce' Zeitbegriff ist – wenn er Bloom, Dedalus und deren Freunden durch Dublins Straßen folgt – der des Alltags. Er ist keinesfalls gewöhnlich in der Art und Weise, wie die verschiedenen, ineinander greifenden Zeitformen angereichert und aufgerufen werden. Üblicherweise wird die alltägliche Zeit als eine Zusammenfassung von zeitlich eher fortschreitenden Modalitäten gesehen. Daher bietet die lineare Zeit des Fortschritts in seiner Konzentration auf das Ikonenhafte, das Einmalige keinen Raum für das Alltägliche. Der Triumph von Joyce besteht darin, dass er die übrigen Zeitmodalitäten durch das Alltägliche in einen Kontext stellt. Im Ulysses werden andere Zeitformen durch das Alltägliche gesehen und so durch dieses neu formuliert. Joyce' Zeit räumt auf mit den philosophischen Betrachtungen des Alltags, in welchen die Sehweise betont wird, dass der Alltag konstanten Wiederholungen und Zyklen unterworfen,[19] aber ebenso Willkür und Zufall gegenüber offen sei. Der Alltag ist das Ergebnis einer »Myriade wiederholter Handlungen«[20]. So reichert er Spuren der Vergangenheit an, bleibt dank seiner Unvollständigkeit immer zugänglich für Umgestaltungen und orientiert sich damit zur Zukunft. Es ist der Ort, wo das »Rüttelsieb der Wiederholung die Theorie des Werdens unterbindet«.[21]

Es ist die Antizipation der Handlung, welche die verdichtete Zeit des Alltags auszeichnet. Die Traditionalisten lassen sich von den Sirenengesängen der Wiederholung beeinflussen, und die Fortschrittsgläubigen sind in den Gleisspuren der linearen Zeit gefangen. In beiden Fällen ist der nächste Schritt vorgezeichnet und letztlich kritiklos zu nennen. Verdichtete Zeit jedoch ist offen für alle Handlungen, sei es, indem sie Vergangenheit aufgreift oder Zukunft vorwegnimmt. Damit trägt sie notwendigerweise zur Interpretation beider Konditionen bei. Alltagszeit ist verdichtete Zeit. Es ist jene Zeit aus der erweiterten Gegenwart, die bloße Wiederholung vergangener Zeiten oder die unmittelbare Verherrlichung des Zukünftigen vermeidet. Verdichtete Zeit stellt am Schnittpunkt von Wiederholung und Werden den Handlungsraum bereit.

Zeit nachspüren

Auf diesem kurzen Exkurs von abstrahierten Ideen von Zeit zu begründeten, einfachen Erklärungen des Alltags kam der Raum unversehens in unsere Argumentation. Ich hätte ihn nicht heraushalten können: Raum und Zeit. Zeit und Raum: in gegenseitiger Abhängigkeit verbunden und, falls man versucht, sie künstlich zu trennen, immer einander verlangend. Ulysses ist auch die Geschichte einer Stadt: Dublin. Dessen Steine, Gewässer und Lufträume bieten der Zeit einen Raum. Frei nach Joyce' Worten will ich Zeit in meine Räume eindringen lassen, aber nur die verdichtete Alltagszeit, jene Zeit, die die ikonenhafte, perfektionierte Autonomie des kristallinen Gebäudes durchbricht. Sie steht nicht nur in Beziehung zu Wetter und Schmutz, sondern auch zu jenen wiederholten Gewohnheitstätigkeiten, die von Architekten, die sich an die Illusion der losgelösten Monumentalzeit klammern, gerne übersehen werden. Es ist eine Zeit, die Platz hat für all jene Raucher, die jedes Mal, wenn sie nach Paris kommen, zusammen mit den Nichtrauchern auf den Rolltreppen auf das Dach des Beaubourg fahren. Sie drücken ihre Zigaretten in den hohen perforierten Rohren aus, die schon lange ihre Heizfunktion verloren haben und zu vergrößerten Aschenbechern mutierten. Jene Rohre, an denen sich nun unter anderem Spuren von Gewohnheitshandlungen abzeichnen, die jeglichen Entwurfskanon des Beaubourg, das einmal als ultimatives Gebäude galt, in einer Implosion[22] zerplatzen lassen. Natürlich umgab uns immer die verdichtete Zeit. Sie verbarg sich in den Nischen, die die Wahnvorstellung von abstrakten und statischen Räumen jenseits des Laufs der Zeit übrig ließ. Die verborgenen, aber nicht abgeschiedenen Erinnerungen der Räume lassen sich jetzt entziffern; es sind Interpretationen des in der Vergangenheit Geschehenen, von Spuren vergangener Zeit. Raum als Ausweichort erklärt sich damit als gesellschaftlich sanktioniertes Konstrukt. Die Schuld wird bereits beglichen. Mit der räumlichen Zuordnung von Zeit stellen Architektur und Stadt das Denken über Zeit wieder her. Der flüchtigsten aller Bedingungen wird Präsenz im Raum gegeben, und sie kann dadurch in all ihren zutreffenden Formen verstanden werden. Das Verständnis findet in einer erweiterten Gegenwart statt, in der die Vergangenheit nicht als perfekter Moment der Überlieferung, die bereit für eine Restaurierung ist, stehen bleiben kann. Ein Architekt aus dem Hier und Jetzt wird in der verdichteten Zeit zwar einen kritischen Blick auf die vorangegangenen räumlichen Strukturen von Kontrolle und Dominanz werfen, aber gleichzeitig das erlösende Potential einer möglichen Zukunft formulieren. Weil sich die räumliche Zukunft auf eine erweiterte Vergangenheit gründet, wird sie nicht vom Auf und Ab der Geschichte gestört werden, sondern all die im Konflikt miteinander stehenden Bedingungen (Berufswechsel, vollendete Bewitterung[23], unbestimmte Handlungen, Gewohnheitshandlungen), die der Alltag mit sich bringt, aushalten.

Nachtrag: Schmutzige Zeit

Ich möchte mit einer Geschichte aufhören. Ich liebe Geschichten, weil sie wiederholt erzählt werden wollen. Geschichten besitzen eine Leichtigkeit, mit der man sich an die Erzählzeit annähern kann – ganz im Gegensatz zur Historie, bei der man noch das Gewicht der gesetzten Autorität spürt. Die Geschichte stammt von James Joyce. Er verbringt das letzte Weihnachten vor seinem Tod in der Schweiz. Sein Gastgeber ist der Kunsthistoriker und Architekturkritiker Sigfried Giedion. Dessen Manuskript für *Space, Time and Architecture* ist niedergeschrieben. Es enthält Zeit in Bildern und Worten. Soweit ist alles verbürgt, sogar geschichtlich; man schreibt Dezember 1940.[24] Der Autor der unstabilen Zeit sitzt mit dem Dokumentar der gefrorenen Zeit zusammen. Sie unterhalten sich darüber, ob sie einige neu errichtete Gebäude in der Nachbarschaft besuchen wollen – alle weiß und schmuck, erbaut von Marcel Breuer. Joyce verweigert den Ausflug, indem er auf die »schönen Wände und Fenster« des im traditionellen Stil erbauten Hauses, in dem sie vor dem offenen Kamin sitzen, verweist. Im selben Atemzug macht er sich lustig über die Fixierung der Schweizer auf Reinlichkeit und Ordnung. Es ist jene Fixierung, die einerseits Giedion in seinen Schriften und andererseits sein Landsmann Breuer in seinen Gebäuden ausdrücken: die triumphale Macht der Moderne verbannt Zeit und Flecken. »Sie wissen gar nicht, wie schön Schmutz ist«, sagt Joyce zu Giedion. Es scheint, als seien diese Worte Breuer übermittelt worden. Als alternder Mann, der selbst Spuren der Zeit trägt, baut er das Kaufhaus De Bijenkorf in Rotterdam: schmutzige, verdichtete Zeit.

Übersetzt von Cornelia Berg

---

1 Immanuel Kant: Kritik der reinen Vernunft. Werkausgabe Band III, hrsg. von Wilhelm Weischedel. Suhrkamp: Frankfurt am Main 1974, S. 91. Hervorhebungen des Autors.
2 Diese Ideen wurden erstmals vorgetragen in Jeremy Till: Die Leere der Form. In: The Journal of Architecture. Routledge: London 1999.
3 Das brillanteste Beispiel aus jüngster Zeit stammt von Mark Wigley: The Architecture of Deconstruction: Derrida's Haunt. MIT Press: Cambridge Mass. 1995.
4 Diese These findet sich bei Mary McLeod: Everyday and Other Spaces. In: Architecture and Feminism. Hrsg. von Coleman, Danze und Henderson. Princeton Architectural Press 1996, S. 5, und Mary McLeod: Architecture and Politics in The Reagan Era: From Postmodernism to Deconstruction. In: Assemblage 8, Februar 1989.
5 Paul Virilio: Gravitational Space. Interview mit L. Louppe in: Laurence Louppe: Traces of Dance. Editions Dis Voir: Paris, S. 35.
6 Karsten Harries: Buildings and the Terror of Time. In: Perspecta, Bd. 19, S. 64.
7 A. a. O., S. 65.
8 Le Corbusier: The Decorative Art of Today. Übers. James Dunnett. MIT Press: Cambridge Mass. 1987, S. 188.
9 A. a. O., S. 190.
10 Am bekanntesten vom Lloyds Building von Richard Rogers and Partners.
11 Peter Osbourne: The Politics of Time: Modernity and Avant-Garde. Verso: London 1995, S. 9.
12 Bruno Schulz: Das Sanatorium zur Todesanzeige. In: Die Zimtläden und andere Erzählungen. Herausgegeben von Mikolaj Dutsch, aus dem Polnischen von Joseph Hahn. Dtv: München 1992, S. 252.
13 Kant, a. a. O., S. 79 ff., auch alle folgenden Zitate.
14 Osbourne, a. a. O., S. 45.
15 Während die berühmteste phänomenologische Darstellung der Zeit Heideggers »Sein und Zeit« bleibt, hat für meine Zwecke Paul Ricouers »Time And Narrative« (Bd. 3, Chicago, University of Chicago Press 1985) unmittelbarere Relevanz. Sein Denken weist auf die Spannung zwischen der individuellen Zeit der Seele (in all ihrem phänomenlogischen Reichtum) und der universellen Zeit der Welt (in all ihrer kosmologischen Bedeutung) hin, siehe S. 12–23. Seine wichtige Darlegung weist nach, wie historische Zeit, als Erzählung, diese Spannung lindert. Siehe auch Osbourne, Politics, S. 45–48.
16 Eine Definition, wie sie zum ersten Mal Aristoteles vortrug und wie sie seither fortbesteht.
17 Siehe Stephen Kern: The Culture of Time and Space. Harvard University Press Cambridge 1983. S. 86.
18 James Joyce, zitiert in Richard Ellmann: James Joyce. Oxford University Press: Oxford 1983, S. 83.
19 Das Alltägliche befindet sich am Schnittpunkt zweier Arten von Wiederholung: dem Zyklischen, das in der Natur vorherrscht, und dem Linearen, welches als rational bezeichnete Prozesse kennzeichnet. Henry Lefebvre: The Everyday and the Everydayness. In: Yale French Studies, Bd. 73, 1987, S. 10.
20 Osbourne, Politics, S. 196.
21 Henry Lefebvre: Everyday Life in the Modern World. Transaction Publishers: New Brunswick 1984, S. 18.
22 Baudrillard spricht von dieser Implosion in Jean Baudrillard: Der Beaubourg-Effekt. In: Neil Leach (Hrsg.) Rethinking Architecture. Routledge: London 1997, S. 210–218.
23 Mohsen Mostafavi und David Leatherbarrow: On Weathering. The MIT Press: Cambridge 1993, S. 45.
24 Die Geschichte findet sich in Ellmann, James Joyce, S. 740. Das »Schmutz«-Zitat ist ebenfalls verifiziert. »Space, Time and Architecture«, basiert auf den Norton-Vorlesungen in Harvard 1938–1939 und wurde erstmals 1941 publiziert. Eines der vielen Beispiele, das Giedions Einstellung zur Zeit darstellt. Insbesondere die Ästhetisierung mittels der Rationalität der Architektur findet sich in seiner Beschreibung der Treppe des Werkbunds als »… Bewegung, die im Raum festgehalten und bewegungslos gemacht wurde«. Siehe auch Jeremy Till: Architecture in Space, Time. In: Claire Melhuish (Hrsg.): Architecture and Anthropology. Academy Editions: London 1996, S. 9–13.

Patina als Planungsansatz

»Der Hang zur Verwilderung« nennt sich eine Buchpublikation der Wiener Landschaftsgärtnerin Cordula Loidl-Reisch. Darin wird der gelungene Versuch unternommen, die »Gartenkultur« von verwilderten oder renaturierten Flächen auch als planerische Aufgabe zum Thema zu machen. Loidl-Reisch widerspricht in ihren einleitenden Ausführungen der Einschätzung, dass diesem Trend der Flair des Modischen anhafte oder gar eine Mode des Sinnenkultes auf dem Vormarsch sei. Ihre These zusammenfassend argumentiert sie: »Bewusst gesetzte, deutliche Kontraste galten schon immer als wirkungsvolles Mittel der Gestaltung gelungener Freiräume … Damals, also in der Vergangenheit, die noch über weite Flächen ›natürlicher‹ Landschaft verfügte, konnte großer Reiz erzielt werden, indem der äußeren wilden Umgebung strenge ›architektonische‹, also kontrastierende Gärten und Parks entgegengesetzt wurden. Heute in einer Zeit, die kaum noch kleinteilige Kulturlandschaften aufzuweisen hat, deren Landschaften geprägt sind vom Vielfältigkeit reduzierenden ›Sachzwang Maschine‹, wo Monotonie das Bild beherrscht … müssen Kontrastwirkungen durch andere als geometrisierende Strukturen hervorgerufen werden.«[1]

Was für die Verwilderung von Landschaften und unbebauten Flächen gilt, muss ebenso für Gebäude gelten. Ähnlich einer manisch putzenden Hausfrau, die sich endlich mit ein paar Flecken anfreundet, sollten wir uns mit der »Verwilderung« der Gebäude auseinander setzen und diese als ohnehin unumgängliches Resultat bewusst einplanen. Gerade die Oberflächen, die die Gebäudekörper einhüllen und mit denen wir uns sensorisch auseinander setzen müssen, sind harten Beanspruchungen ausgesetzt. Sie verändern sich im Laufe der Zeit und patinieren mehr oder weniger unkontrolliert.

Ein wesentliches Kriterium für den Planer ist allerdings die Qualität der Veränderung: Wann spricht man noch von Patina und wann nicht mehr? Wir haben uns damit auseinander gesetzt, ob die gealterte Oberfläche eines Gegenstands oder eines Gebäudes eher mit Patina oder eher mit Schmutz und Verfall in Verbindung gebracht wird. Soziologische und kulturgeschichtliche Zusammenhänge sind ausschlaggebend dafür, ob die Antwort positiv oder negativ ausfällt. Ganz so einfach ist es allerdings auch wieder nicht: Verfallsspuren an so manchen Gegenständen oder Flächen, mit denen wir täglich in Berührung kommen, von denen wir daher eine hygienische Aura erwarten, werden auch dem schöngeistigsten Verehrer von Patina unangenehm sein. Wer mit Patina umgeht, muss sich deshalb auch mit sensorischen Schwellen befassen. Maßgeblich ist der Einsatzort. In den seltensten Fällen werden wir in Küchen oder Bädern abbröckelnden Putz oder gar Rost ertragen. Alle Gegenstände, die uns umhüllen und uns so nahe kommen, dass wir sie berühren können, unterziehen wir kritischen Untersuchungen. Es sind weiche Textilien, Felle, Leder oder glatt polierte Hölzer, die wir in unmittelbarer Nähe von blanker Haut vorfinden. In dieser Beziehung bleiben wir archetypischen Vorlieben verhaftet. Den Staub und Schmutz, den wir in unseren Straßen ertragen, dulden wir nicht mehr diesseits der Eingangsschwelle. In den Häusern Arabiens und Asiens überschreitet der Besucher auch bildhaft, indem er die Schuhe auszieht, eine taktile Toleranzschwelle, anders als dies üblicherweise in unserer Kultur der Fall ist. Mit bloßen Füßen werden Fußbodenoberflächen intensiver spürbar. Grundsätzlich ist Patina im Gebäudeinneren eher selten anzutreffen und wenn, dann in nostalgischer Reminiszenz an alte Raumfassungen. Biedermeiermöbel und antike Terrakottagefäße werden mit stilvollen Interieurs umgeben, um ihnen den historischen Rahmen zu verleihen, in dem sie entstanden sind. Diese retro-orientierte Haltung ist eher von einem kunsthistorischen, musealen Ansatz geprägt und hat für Liebhaber und Sammler konkreten Wert. Die Gegenstände und Oberflächen sollen nicht dem Gebrauch dienen, sondern mit »Samthandschuhen« angefasst werden, um weitere Abnutzung zu vermeiden. Diese Haltung interessiert hier nicht weiter, da sie eher nostalgischer Natur ist.

11 Anbau an ein Einfamilienhaus mit einer Verkleidung aus vorpatiniertem Stahlblech. Architekt: Hans Kneidl, Weiden

Patina in unserem Sinn soll sich vielmehr durch Benutzung und Witterung möglichst so ergeben, dass sie weder künstlich hervorgerufen noch mehr als üblichem Bauunterhalt gemäß gepflegt zu werden braucht. In der aktuellen Architektur wird Patina oft auch vorweggenommen. Edelrost (siehe Abb. 11) oder Grünspan werden mit chemischen Verfahren oder als spezielle Metall-Legierungen hergestellt oder aufgebracht. Die sich normalerweise erst im Laufe der Zeit einstellende Schutzfunktion der Patina ergibt sich so rascher. Andere patinierte oder vorbewitterte Oberflächen werden durch Beschichtungen gegen weitere Witterungs- oder Gebrauchsspuren geschützt. Doch der unkontrollierte Verfall dieser Schutzschicht führt später zu graduell unterschiedlichen Patinierungsspuren, die sich fleckig an den verletzten Stellen ausbreiten. Ein Beispiel sind künstlich gealterte und dann glasierte Terrakottafliesen, deren Poren nach dem Einsatz aggressiver Putzmittel verschmutztes Wasser ansaugen und dadurch unansehnliche Schlieren bekommen. Ebenso führen falsche Lackierungen auf Holzfenstern dazu, dass durch Haarrisse eindringendes Spritzwasser nicht mehr kontrolliert diffundieren kann; so wird Schimmelbildung eher befördert als verhindert. Grundsätzlich sei vor dem unreflektierten Einsatz von Werkstoffen gewarnt, die angeblich keine Alterungsspuren zeigen werden und daher besonders dauerhaft sein sollen. Alle Thermo- und Duroplaste, im Allgemeinen als »Kunststoffe« bezeichnet, haben den Nachteil, dass UV-Strahlen ihre plastifizierenden Weichmacher verändern oder gar auflösen, so dass sie mit der Zeit spröde und anfällig für mechanische Belastungen werden.

Doch die »pubertären Jahre der Kunststoffe«[2] sind vorüber, Bautechnik ohne Kunststoffe ist heute undenkbar. Nach vielen Grabenkämpfen sind die Reinheitsgebote für »natürliche Bauteile« ad acta gelegt. Spätestens an Kunststoffdübeln und polymeren Dachbahnen endet die von Puristen bis ins Detail durchgehaltene Materialsichtigkeit. Die Moral des Wahren und Edlen hat in unserer heutigen Bauwirtschaft keinen Platz mehr, zumindest nicht als unwidersprochener Planungsimperativ. Auf der anderen Seite scheint die virtuelle Welt der audiovisuellen Avantgarde als logische Konsequenz zunehmender Transparenz und Entmaterialisierung wie eine Fata Morgana aufzutauchen. Man möchte uns glauben machen, dass die Zukunft keine reellen Baustoffe mehr brauche, weil die Gebäude nur mehr peripher existieren müssen. Dennoch wird auch deren Dauerhaftigkeit auf dem Prüftisch landen. Ähnlich wie in den blühenden Wirtschaftsjahren nach dem Zweiten Weltkrieg, die die Utopien von Plug-in-Citys der britischen Gruppe Archigram oder die Spiral-City des japanischen Metabolisten Kisho Kurakawa hervorbrachten, ging auch in den vergangenen Jahrzehnten der wirtschaftliche Aufschwung im Westen mit utopischen Ansätzen einher, ausgehend von einigen amerikanischen und britischen Hochschulen. Die den medialen Fiktionen verpflichteten Blob-Artisten setzen sich nicht mehr mit den Rohstoffen des Funktionalismus auseinander, sondern entwerfen Gebäude, die sich den bisher gültigen Entwurfsprinzipien entziehen.

Angesichts der veränderten Volumina, die heute tatsächlich gebaut werden können – es begann mit der Oper Jörn Utzons im Hafen von Sidney –, stellt sich die Frage, ob Überlegungen im Hinblick auf entstehende Patina hier überhaupt noch eine Rolle spielen. Gelöst von der bunten Sphäre auf den Bildschirmen sind aber gerade volumetrisch frei geformte Gebäude besonders anfällig für Witterungsspuren. Es gibt keine Dachvorsprünge oder Regenrinnen, die herablaufendes Regenwasser kontrolliert ableiten könnten; die Folge sind unansehnliche Schlieren auf den gewölbten Fassaden. Frank O. Gehrys Museum in Bilbao ist mit schuppenförmig überlappten Edelstahlblechen verkleidet, die die dreidimensional gekrümmte, wasserführende Schicht bilden. Dank der baskischen Industrie werden vermutlich in Kürze die Schmutzfahnen des sauren Regens eine regelmäßige Reinigung der walzblanken Bleche erforderlich machen. Steven Holl, der eine ähnlich gekrümmte Hülle für sein Kunstmuseum Kiasma in Helsinki geplant hat, verzichtete dagegen auf die glitzernde Aura und wählte ein stumpfes, vorpatiniertes Titanzinkblech als Hülle, das die eisige Winterluft der Ostsee sicher besser »abwettern« kann. Dies ist nicht als Plädoyer gegen glänzende Oberflächen zu verstehen. Es sollte jedoch jedem Planer bewusst sein, dass mit zunehmendem Alter auch die glänzendsten Oberflächen durch feine Kratzer oder Ablagerungen verletzt werden und der sich darauf ablagernde Schmutz immer hartnäckiger zu werden scheint. An manchen Stellen sind eben Materialien, so sehr sie das architektonische Konzept unterstützen oder sichtbar machen sollen, schlicht falsch eingesetzt. Ein baldiger Ausbau ist vorprogrammiert. Das scheint so lange gut zu gehen, wie die gesellschaftliche Akzeptanz vorhanden ist und der wirtschaftliche Aspekt vernachlässigt werden kann. Leider scheiterten bisher alle euphorischen Ansätze, eine mobile und flexible Technologie

12 Der Umbau des Palais de Tokyo in Paris spielt mit dem Charme von Ruinenromantik und etabliert sich als neues Kunstforum. Der Umbau des riesigen Bauvolumens musste mit geringsten Mitteln erfolgen. Architekten: Lacaton & Vassal

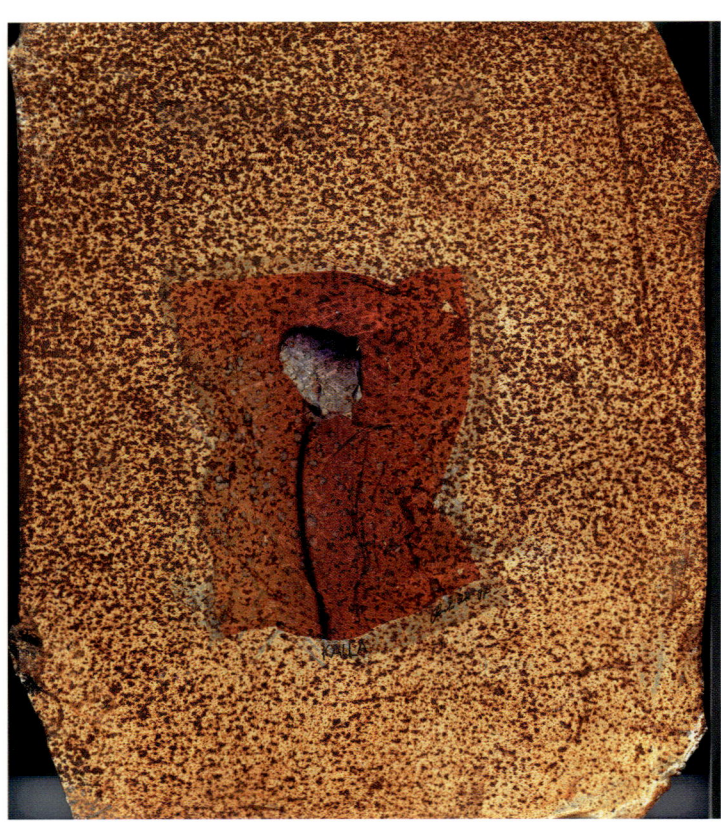

13 Polaroid-Emulsions-Transfer nennen sich die Arbeiten des Fotografen Rudi Ott, für die die belichtete Gelatineschicht auf ein verrostetes Weißblech als Bildträger aufgebracht wird.

könne ständig wandelbare und recyclingfähige Gebäude generieren, am Mangel gesellschaftlich sanktionierter Bereitschaft, dies tatsächlich auch durchzuführen. Wenn selbst in der Autoindustrie dem Recycling Grenzen gesetzt sind, um wie viel mehr gilt dies dann für die Architektur, deren Lebensdauer immer noch mindestens das Doppelte beträgt. Radikale Ansätze wie der Umbau des Palais de Tokyo von Anne Lacaton und Jean Philippe Vassal, die aus Kostengründen die Patina eines alten, aber noch benutzbaren Gebäudes bewusst in Kauf nehmen und inszenieren, sind die Ausnahme (siehe Abb. 12).

Seit der ersten Mondlandung ist uns die fragile Existenz unseres Planeten im Weltraum geradezu bildlich bewusst, seit dem Bericht des Club of Rome kennen wir die Endlichkeit aller Rohstoffe, und wir verhalten uns doch, als wären wir unsterbliche Titanen. Im Sinne eines verantwortlichen Umgangs mit unseren Rohstoffen können gerade Planer nicht so tun, als sei alles möglich. Wenn sich zum Beispiel dünne Aluminiumbleche an Sockelzonen eines stark frequentierten Gebäudes finden, machen urinierende Hunde oder Fußball spielende Kinder bereits nach kurzer Zeit den Ausbau des verbogenen und fleckigen Hightech-Produkts unumgänglich. Ein anderes Beispiel: Auch unter Aspekten regionalen Bauens sollte man davon absehen, bei der Materialauswahl für oft begangene Flure und Treppen weichen Nadelhölzern den Vorzug zu geben, selbst wenn sie in der unmittelbaren Umgebung in großen Schonungen zur Verfügung stehen. Durch die hohe Beanspruchung wird die übliche Lebensdauer dieser Werkstoffe stark herabgesetzt. In der Regel bestimmt also tatsächlich der Gebrauch die Alterungsgeschwindigkeit, sofern nicht die Witterung ein Übriges tut. Mit dem allmählichen Verschwinden des Handwerks, das einer weitgehenden Industrialisierung des Bauprozesses Platz gemacht hat, scheinen wir den Bezug zu den Materialien auf das Optische zu reduzieren. Die fast unbegrenzten Möglichkeiten der Industrie suggerieren die unbegrenzte Verfügbarkeit billiger und innovativer Materialien. Dabei können die immer komplexer werdenden Herstellungsprozesse nur durch zunehmende Stückzahl der gefertigten Güter immer billiger werden. Die im Vorfeld geleistete Forschung ermöglicht einen Qualitätssprung, dessen Ziel immer langlebigere Produkte sind, während der potenzierte Ausstoß der Fertigungsstraßen eine größere Nachfrage voraussetzt. In der gegenwärtigen wirtschaftlichen Krise, deren Ursache in der Globalisierung vermutet wird, wird gerne übersehen, dass durch die zunehmende Beschleunigung der Produktion die qualitativ immer hochwertigeren Produkte statt langlebiger kurzlebiger sein müssten, damit die Nachfrage ständig angekurbelt werden kann. Patina auf hochwertigen Produkten steht hierzu im Widerspruch, sie steht für eine Vorgehensweise, die im Sinne verlängerter Nachhaltigkeit den Planungsprozess beeinflussen könnte. Nicht kürzer sollten die Gebäude leben, sondern länger, wenn wir nicht sehenden Auges unsere Ressourcen plündern wollen.

Dass patinierte Oberflächen nichts mit minderwertigen Materialien zu tun haben, sondern mit dem Gegenteil, sollte zu denken geben. Der Fotograf Rudi Ott zieht die belichtete Gelatineschicht von großen Polaroid-Aufnahmen vom Papierträger ab und bringt sie auf bereits mit Flugrost behaftetes Weißblech auf, um den Effekt für experimentelle Entwicklungsvorgänge zu nutzen; die noch nasse Schicht regt einen weiteren Rostprozess an und verbindet sich erst nach der Trocknung mit dem Bildträger (siehe Abb. 13). Ansätze zu neuen Experimenten finden wir offenbar außerhalb der Architektur. Ein Hinweis, dass auch sie nicht in einem Elfenbeinturm entsteht, sondern immer auch in gesellschaftliche Entwicklungen eingebunden ist. Über Patina nachzudenken, ohne diesen Zusammenhang zu berücksichtigen, bleibt fragwürdig. Die Beschäftigung mit der Realität, mit unseren Sehweisen und so auch mit unseren ästhetischen Vorstellungen muss gewohnte Bahnen verlassen. Interessant sind deshalb ästhetische Grenzgänger. Patina ist in der Kunst schon lange ein Thema mit widersprüchlichen Ergebnissen. Zwei Künstler, die sich von verschiedenen Standpunkten aus mit der Veränderung von Oberflächen befassen, zeigen konträre Ansatzpunkte, ergänzend zum Versuch, Patina als planerisches Thema in der Architektur zu etablieren.

1 Cordula Loidl-Reisch: Der Hang zur Verwilderung. Picus: Wien 1992, S. 11.
2 G. Auer in: Daidalos, Architektur – Kunst – Kultur, Heft 56, Magie der Werkstoffe I. Bertelsmann: Gütersloh 1995, S. 30.

Interview mit Oliver Boberg

Herr Boberg, Sie bauen anhand von vielen Arbeitsaufnahmen real existierender Orte Modelle, die jedoch einen in Realität nicht existenten Ort gewissermaßen als Abstraktion darstellen. Die Modelle werden daraufhin in Ihrer Regie unter Studiobedingungen von dem Profifotografen Volker Rudolph abgelichtet. Ihre künstlerische Arbeit beschäftigt sich offenbar in den Randzonen von Skulptur, Malerei und Fotografie mit unseren Sehgewohnheiten von Architektur und damit deren haptischer und optischer Erscheinung. Sehe ich das richtig oder würden Sie hier noch etwas hinzufügen?

Park, 1998, 69 x 118 cm, C-Print

Ich würde ergänzen, dass ich eher unsere Umgebung – schließlich gibt es bei mir ja auch Himmel und Landschaft – thematisiere, als nur bloße Architektur. Durch die Bezeichnung »Orte« verschiebe ich ja auch das Hauptgewicht auf eine Sache mit Charakter, Seele im Dialog mit den Menschen und deren Erinnerungen, Erfahrungen und Empfindungen. Architektur allein würde sich meines Erachtens zu sehr auf das Gewollte, vom Architekten als Autor geschaffene, skulpturhafte Bauwerk beziehen. Ein Ort wird erst dann zum Ort, wenn man zusammenfassend sagt: ein Fleck Erdball plus Architektur oder Natur plus ein bestimmter Zustand, zum Beispiel Zeit, Verfall oder Ähnliches plus betrachtender Mensch. Das hat natürlich besonders viel mit Haptik und Optik zu tun. Wir haben ja durch Anschauung und Erfahrung zu allen möglichen haptischen oder optischen Komponenten und Zuständen eines Gegenstandes eine ganz spezielle Einstellung. Ich denke, diese Unterscheidung von Architektur und Ort hat auch viel mit dem Thema Ihres Buches zu tun.

In meinem einführenden Text geht es auch um das Thema Zeit, um den Begriff Geschichte, und damit scheinen Sie sich ja auch zu beschäftigen: mit dem übereinander Geschichteten und der Ironie, diese Schichtung auch zu offenbaren. Lediglich das Endprodukt Ihrer Arbeit, die Fotografie hält den eingefrorenen Zustand des jeweiligen Augenblicks fest. Und dennoch, wer hinter Ihre Modelle, Ihre Staffagen schaut, erkennt, dass es mehr als die Realität gibt und dass Sie eigentlich auch Geschichten inszenieren. Wie wichtig ist der Aspekt der Zeit in Ihren Arbeiten?

Mir wurde erst langsam klar, dass die Zeit eine neue Qualität erhält, indem ich meine Modelle so baue und aufnehmen lasse, wie es der Fall ist. Indem ich eigentlich nur diese Kulissenobjekte machen wollte, war der Blick auf einen Ort als zeitlose Skulptur aber schon angelegt. Die Ironie der künstlichen Generierung der Schichtungen, des Zustands aus der Retorte, dafür aber immer desselben unveränderlichen Zustands, birgt ja eigentlich schon eine merkwürdige Zeitauffassung. Meine Idee von Kunst fordert grundsätzlich einen Moment der Kontemplation in jedem Kunstwerk. Dieser Grundsatz lag dem Erarbeiten der Modelle zu Grunde und führte wahrscheinlich dazu, dass die Fotografien statischer als die Wirklichkeit erscheinen. Diese Statik hält möglicherweise den Betrachter zur Rezeption der Zeit an. Zeit im Sinne von »Nicht Altes erscheint Alt« oder Vorspiegelung von Spuren der Zeit war mir nicht so sehr wichtig.

Sonst könnte man auch die Ironie in der bloßen Tatsache suchen, dass Zahnstocher wie Metallstangen aussehen. Das wäre zwar eine nette Anekdote, ist aber viel zu sehr mit dem Wesen der Kulisse und des Modells verbunden, als dass es eine spezielle Boberg'sche Ironie sein könnte.

Worin besteht dann die Ironie? Findet sich das in den Videoarbeiten, an denen Sie in jüngster Zeit arbeiten, wieder?

Ironisch finde ich eher diese »Machen anstatt Suchen und Finden«-Haltung. Die ironisiert ja den typischen Aufwand, der hinter der Becher'schen Schule[1] steht. Auch meine Funktion als Regisseur, der gar nicht fotografieren kann, ist wohl recht ironisch, wenn man sich die richtigen Fotokünstler vor Augen hält. Andrerseits fällt manches an dieser Ironie wieder in sich zusammen, wenn man bedenkt, dass ich einen verhältnismäßig hohen Aufwand betreibe, um meine dann doch recht lapidaren Ansichten zu erstellen. Jedenfalls liebe ich dieses Gefühl der verlangsamten Zeit und ich hoffte, dass sich der Zeitaspekt in den Videos nicht zu sehr aufdrängt. Die Umschwenkung auf die Videos interessierte mich natürlich auch wegen des Geschichtsaspektes. Aber vor allem deshalb, weil sich dieser mit der besonderen Ästhetik des blauen Lichts verbindet und die Sehweise des Betrachters nicht an Alltagserfahrungen in der Wirklichkeit geschult wurde, sondern am Erlebnis Kino beziehungsweise Fernsehen. Die Geschichten, die der Betrachter in sich trägt und die von solchen Kulissen erzählt werden, sind das eigentlich Interessante für mich.

Rohbau 1, 2003, 150 x 195 cm, C-Print

24 Interview mit Oliver Boberg

Oliver Boberg bei letzten Korrekturen während der Aufnahmen im Studio hinter dem Modell zu »Rohbau 2«

Sie sagten einmal, Sie wollten nicht als »der Boberg, der immer nur Beton macht«, dargestellt werden? Richtig ist aber doch, dass Sie sich leere, spartanische Ecken unserer Kultur suchen, die auf fast alle abweisend und kühl wirken. Dafür eignet sich Beton hervorragend. Er wird im Volksmund gern mit Lieblosigkeit gleichgestellt. Die junge Patina auf Beton mit ihren Schlieren und Flecken erregt in uns offenbar Ekel vor dem Unsauberen. Darum scheint es auch in Ihren Arbeiten zu gehen. Welche Vorzüge müssen Ihre Sujets denn haben, damit Sie sich mit ihnen beschäftigen?

Das mit dem Boberg, der immer nur »in Beton macht«, ist ja auch schon länger her. Ich habe daraufhin ja noch andere Sujets und Seriengruppen entwickelt, dass auf diesen Gedanken schon lange niemand mehr kommt. Aber es stimmt schon, dass sich bestimmte emotionale Qualitäten besonders schön an Beton-Orten festmachen lassen. Das mit dem persönlichen Ekel kann ich nicht nachvollziehen. Ich bin der Überzeugung, dass wir alle – die einen mehr, die anderen weniger – derart mit Geschichten und Schicksalen, Schauplätzen und Tatorten aller Art in den Medien zugeballert worden sind, dass wir einen gehörigen Wirrwarr in uns tragen, was die Differenzierung zwischen Echt und Falsch angeht. Wir wissen, alles, was wir im Fernsehen sehen, ist nicht echt. Es ist entweder Kulisse oder computergeneriert oder Modell. Jede Dokumentation beschneidet das, worüber sie berichtet. In gewissem Maße haben wir alle einen Abstand zum Gezeigten und sind doch mehr oder weniger dabei. Wir sitzen in der ersten Reihe, aber nicht mitten drin.

Ich glaube, dass sich das auch auf unsere Wahrnehmung im Alltag ausgewirkt hat. Unsere Umgebung hat an Unmittelbarkeit verloren. Ich selber habe immer schon meine Umgebung als Kulisse gesehen und war oft enttäuscht, wenn ein faszinierender Ort dann so komisch roch. Mittlerweile gehört das zum Erleben dazu. Mich schockt eigentlich selten etwas, wenn ich einen neuen Ort erkunde. Ich muss viel zu sehr in die letzten Ecken schauen, damit ich weiß, was so ein Ort für Details birgt. Ist das also eher ein romantischer Ansatz, das Unbekannte, aber auch das Eigene im Fremden zu suchen? Manchmal packt mich aber auch ein Ort, weil er an sich schon theatralisch ist auf Grund seiner Maße, seiner Größenverhältnisse. Oder, weil sich die Psychologie des Erbauers so deutlich zeigt, eben die Geschichte. Zum Beispiel bieten diese Mords-Bauten um das neue Kanzleramt in Berlin viel Potential für mich. Ähnlich wie ich nach dem 11. September auf die Idee kam, den Gedanken des Memorials in ein Bild zu packen und damit zugleich eine Aussage über das Wesen solcher Gedenkbauten zu machen.

Ist Patina in Ihren Arbeiten demnach auch ein malerischer Aspekt, in dem sich gealterte Strukturen griffiger oder aber mehrdeutiger darstellen lassen?

Malerisch im Sinne von künstlerisch über Malerei reflektieren, das ja, aber nur auf einer zweckgebundenen Basis. Ich halte es auch wieder für eine gewisse Ironie – wenn auch eine billige –, dass in Zeiten, in denen Malerei recht lapidar, effektlos oder auch besonders effektreich daher kommt, sich in meiner Arbeit pure Kulissenmalerei findet.

Abgesehen davon, sehe ich die Erstellung eines Bildes im Ganzen als Malerei an. Da geht es um Komposition, die sich in erster Linie dem Charakter des dargestellten Ortes unterordnen muss, um Farb- und Hell-Dunkel-Verteilung. Dazu wird oft genug nicht nur mit Licht verdunkelt oder aufgehellt, sondern auch einmal dunklere Farbe darüber lasiert. Die Darstellung der Patina aber, im Sinne von Spuren des Zustands, gibt lediglich Gelegenheit zur Malerei, sollte aber nie zum malerischen Selbstzweck werden. Ob ich eine Struktur, einen Zustand male oder baue, hängt jeweils vom erzielbaren Ergebnis ab. Oft ist es so, dass ich eine Mischung aus Material, flüssige Farbe als malerisches Mittel und Kreide und Stifte als grafische Mittel, verwende. Ich bin in der Wahl meiner Mittel ziemlich hemmungslos am Ergebnis orientiert und nicht am jeweiligen Medium.

Ihre Arbeitsweise ist geprägt von vielen Details, die eigentlich unscheinbar wirken, zum Gesamtergebnis aber maßgeblich beitragen. Trotzdem beschreiben Sie Ihr Herangehen als sehr wirtschaftlich?

Das ist ja kein Widerspruch. Die Details, die ich verwende, suche ich nach ihrer Notwendigkeit aus, denn das falsche Detail kann einem Ort die falsche Geschichte hinzufügen. Und dann auch so wenige Details wie unbedingt nötig, dies weniger aus Wirtschaftlichkeit, als vielmehr aus dem Versuch heraus, den Ort so typisch, aber auch so offen wie möglich erscheinen zu lassen. Ich versuche die adäquate Verwendung von Mittel und Aufwand beizubehalten.

Herr Boberg, vielen Dank für Ihre Mitarbeit.

---

1   Bernd und Hilla Becher, Fotografen, beschäftigen sich in ihrer Arbeit mit der dokumentarisch angelegten Wiedergabe industrieller Bauten des 19. und 20. Jahrhunderts, zum Beispiel Fördertürmen, Wasserbehältern oder Fachwerkbauten.

Interview mit Annette Zey

Ähnlich wie der Architektenberuf ist Ihr Beruf des Silberschmieds sowohl der Kunst als auch dem Handwerk verpflichtet: Ihre Arbeiten sind immer für den Gebrauch bestimmt. Wie entstehen üblicherweise Ihre Arbeiten? Wie entwerfen Sie?

Hier kann ich zwei Wege beschreiben. Zunächst ein paar Worte zum Tischgerät. Meist ist der erste Gedanke die Funktion des Geräts: Wofür wird das Gerät benötigt? Daran hängt sich auch die formale Lösung an. Über erste Zeichnungen in Skizzenform nähere ich mich einer möglichen formalen Idee. Später zeigt mir das Papiermodell im Maßstab 1:1 die Proportion, die Größenverhältnisse, und wie das Gerät in seiner Umgebung, zum Beispiel auf dem Tisch, aussieht. Erste haptische Erfahrungen können geprüft werden. Das Papiermodell legt alle Größen fest, worauf dann das benötigte Material errechnet werden kann und die Herstellung des Tischgerätes beginnen kann. Noch während des »Bauens« des Stückes sind kleinere Änderungen jederzeit möglich. Anders verhält es sich bei den Schalen aus Modulen. Hier geht es immer um formale Lösungen. Die ersten Fragen, die sich mir stellten und Auslöser für die Arbeit an den Modulschalen waren, waren folgende: Wie wird mir bei einer Schale aus Metall ermöglicht, von außen durch die Wand das Innere zu sehen? Und wie kann man die Wand einer Schale auflösen? In meiner Arbeit damit stellen sich immer neue Fragen, die durch eine neue Schale beantwortet werden. Wenn eine Schale innen anders aussehen soll als außen, müssen demnach die Module zwei Seiten haben, die durch das spätere Zusammensetzen verdeutlichen, dass eine Schale innen und außen auch anders aussehen kann. Die weiteren Fragen, die sich mir stellen, sind dann: Wie kann man die Form, also zum Beispiel die Rundung einer Schale, die aus einzelnen Bausteinen hergestellt ist, zeigen? Oder wenn eine Rolle als Modul gewählt wird, was passiert dann? Und so weiter …

Frau Zey, in Ihrer Arbeit als Silberschmiedin haben Sie es meist mit dem edlen Material Silber zu tun; mit Ihrem Tischgerät haben Sie Preise und Anerkennungen erhalten. In Ihren jüngsten Arbeiten beschäftigen Sie sich nun auch mit Kupfer. Worin lag der Reiz für Sie, sich mit dem stumpfen, unedleren Material auseinander zu setzen?

Meine Aufgabenstellungen haben sich im Laufe der Zeit geändert. Die Funktion, die die Gestaltung einschränken kann, soll in den Hintergrund treten, weil die Möglich-

Schale, Kupfer patiniert

Schale aus blankem Kupfer vor dem Patinieren

Nach dem Säurebad mit Schwefelleber legt sich Patina an.

keit, sich hauptsächlich mit der Form zu beschäftigen, sehr verlockend ist. Kupfer ist nun ein günstigeres Material als Silber, es ist als Halbzeug auch in größeren Mengen und vielfältigen Formen vorhanden. Profile lassen sich fräsen und der Materialverlust lässt sich leicht recyceln. Zudem lässt sich Kupfer sehr gut verarbeiten, auch in einer kleinen Werkstatt, ohne großen »Maschinenpark« und es lässt sich sehr gut patinieren. Es gibt also viele gute Gründe, Kupfer zu verwenden.

Patina ist eigentlich ein schleichender Vorgang, der auf Kupfer und Messing ohne menschliches Zutun im Laufe der Zeit stattfindet. Seit dem Mittelalter wurde auch künstliche Patina zur Veredelung von Oberflächen angewandt. Warum und wie patinieren Sie Ihre Objekte?

Patinieren ist bei meinen Objekten nötig, um die intensive Farbe des Kupfers wegzunehmen. Die Form ist dann besser zu erfassen. Die einzelnen Bausteine der Modulschalen ziehen sich durch die Patina zu einem Gewebe zusammen. Außerdem schließt sich durch Patina die Oberfläche, damit keine giftige Patina, wie zum Beispiel Grünspan, oder andersfarbige Patina entstehen kann. Ich möchte also mit der Patina den Farbton festlegen, wie er sein muss, und die Oberfläche vor weiteren Umwelteinflüssen schützen. Mein Patina-Rezept stammt wohl auch noch aus dem Mittelalter. Ich färbe mit Schwefelleber, einem Gemisch aus Schwefelblüte und Pottasche. Bei dieser Patinierung wird die Oberfläche chemisch verändert. Das Material bleibt aber das gleiche, anders als bei einer Lackierung, wo neues Material, wie zum Beispiel Lack, hinzugefügt wird. Bei meiner Arbeit halte ich es für wichtig, das Material als solches unverändert zu lassen und keine neue Haut überzuziehen.

Frau Zey, vielen Dank für Ihre Mitarbeit.

Einwirkungen und Einflüsse auf Baumaterialien

Die Alterungsprozesse von Materialien unterliegen vielen Faktoren, die auch zu unterschiedlichen »Schadensbildern« führen. Was hier der Einfachheit halber unter dem Phänomen der Patina abgehandelt wird, sind in Wirklichkeit viele disparat ablaufende Vorgänge, die in der Regel parallel oder nacheinander auftreten. Besonders an stark bewitterten Flächen bilden sich oft mehrere Patinaschichten übereinander.

Mechanische Beanspruchungen

Seit Jahrtausenden benutzen Menschen Gebäude, um darin zu wohnen, zu schlafen, zu arbeiten, zu beten, zu spielen, zu hören oder zu gesunden. Die Reihe ließe sich beliebig fortsetzen. Manche Tätigkeiten verschwinden mit der Geschichte, andere kommen hinzu. Eines gilt immer: Der Nutzung folgt die Abnutzung. Durch jahrelangen Gebrauch hinterlassen Menschen Spuren in den Räumen. Am ehesten hinterlassen sie diese mit ihren Füßen am Boden. Die Abriebspuren in Kircheneingängen oder an viel begangenen öffentlichen Treppen weisen den detektivisch arbeitenden Bauforschern den Weg, wie ein Gebäude benutzt wurde. Auf Treppen zeigen diese Spuren das tatsächliche Steigeverhalten der Benutzer: auf weichen Sandsteinen oder Holzstufen kennzeichnen Mulden und Wölbungen, wo die Füße gesetzt wurden. Gewohnheiten modellieren die Materialien. Aber auch Hände, die Tür- oder Fenstergriffe, Handläufe, Wasserarmaturen oder Lichtschalter bedienen, hinterlassen feine Spuren. Das Hautfett bildet Patina. Diese etwas speckig glänzende Oberfläche wussten die Japaner als Gestaltungsmittel für mehrlagige Kalkglanzputze an ihren traditionellen Teehäusern zu nutzen: Die letzte Lehm-Kalk-Schicht wird unter leichtem Druck mit dem Handballen nachpoliert. Ein anderer ruinöser Abrieb an Werkstoffen beruht auf Einwirkungen von Werkzeugen aller Art. So hinterlassen Messer und Äxte in Tischen oder Werkbänken Hieb- und Schnittspuren; Ketten und Seile, die über Mauerkanten gezogen werden, schleifen tiefe Rinnen. Dass Patina auch ganz profanen Ursprungs sein kann und sicher nur bei wenigen nostalgische Gefühle weckt, stellen wir fest, wenn wir uns an die Schulbänke, die über und über mit eingeritzten Herzen und Runen verziert sind, erinnern. Oder denken wir an die etwas schwierige Diskussion, als es vor nicht langer Zeit darum ging, die Wandkritzeleien russischer Soldaten im umgebauten Reichstag unter Schutz zu stellen. Ein letztes Beispiel: Wozu zählen die tief in die Kopfsteine eingefurchten Fahrrinnen der Pferdegespanne in den römischen Gassen von Pompeji? Es fällt schwer, hier noch von Patina zu sprechen. Die Übergänge sind fließend. Vielleicht sollte die Bedeutung von Patina auf all die menschlichen Spuren beschränkt sein, die ohne willentliches Zutun entstanden sind. Es bleibt dem Leser überlassen, hier seine eigene Abgrenzung zu finden.

14 Ablösung von Farbschichten auf Putz durch Feuchtigkeit

Bewitterung

Analog zur Zersetzung in humosen Böden ist der Patinierungsprozess ebenso von günstigen oder ungünstigen Rahmenbedingungen wie Temperatur, Luftzusammensetzung und Feuchtigkeitsgehalt abhängig. Daher zählen alle Folgen der jeweiligen klimatischen Bewitterungsfaktoren zu den wesentlichen Ursachen für die Veränderungen außen liegender Oberflächen. In erster Linie basieren viele Patinierungsvorgänge auf einer mehr oder weniger starken Sonneneinstrahlung. Auf Grund der Temperaturunterschiede zwischen Materialoberfläche und Kern, zwischen belichteten und im Schatten liegenden Flächen treten interne Spannungen auf, die im ungünstigsten Fall zu schichtweisen Ablösungen (siehe Abb. 14) oder zu Kohäsionsverlusten führen. Anorganische Werkstoffe wie Steine oder Ziegel verändern ihr kristallines Gefüge, bei organischen Stoffen wie Holz trocknen die flüssigen Bindemittel zwischen den Fasern aus. Dabei verändern sich die Oberflächen nicht nur physikalisch, sondern auch farblich. Werkstoffe bleichen aus, dunklen nach oder vergilben (siehe Abb. 15). In geringerem Maß treten diese Verfärbungen durch Sonnenlicht auch im Gebäudeinneren auf. Man denke an die hellen Holzflächen, die nach Entfernen eines jahrelang liegenden Teppichs wie neu neben den vom Licht nachgedunkelten Hölzern aussehen.

Neben der Sonne trägt auch der Wind zur Patinierung bei, die sich durch so genannte äolische Abtragungen oder Feuchtigkeits-Austrocknung charakterisieren lassen. Bei höheren Windgeschwindigkeiten, die über längere Zeit anhalten, wirken mitgeführte Quarzkörner wie ein stetiges Sandstrahlgebläse, das selbst harte Steine plastisch verformt und Glasflächen erblinden lässt. In unseren Breiten lagern sich üblicherweise im Luftstrom mit transportierte Kleinstpartikel in Rissen und Fugen an und führen langfristig zu potentiellen Angriffspunkten weiterer Zerstörungsfaktoren, auf die wir später zurückkommen.

Wenn Sonne und Wind ihre zerstörende Wirkung vollendet haben, tun die Niederschläge ein Übriges, um die aus dem Verband gelösten Feinstkörner abzuschwemmen und in die dadurch frei werdenden Risse und Fugen einzudringen. Eindringender Schlagregen kann bei normalen Temperaturen von den meisten Fassadenkonstruktionen problemlos aufgefangen und abgeleitet werden. Bei ausreichender Hinterlüftung werden auch die in den Materialien selbst und in den Fugen zurückgebliebenen Feuchtigkeitsreste wieder abgegeben. Schwierig wird es erst dann, wenn zu den Niederschlägen Frost hinzukommt. Während trockener Schnee von den dann ebenfalls gefrorenen Oberflächen abperlt, kommt es in der Nähe des Taupunkts zum Eindringen von Wasser in die Risse und Poren des Werkstoffs. Die in den Hohlräumen eingekapselte Feuchtigkeit dehnt sich unterhalb des Gefrierpunkts als Eis aus. Bei sehr porösen oder rissigen Oberflächen führt die entstehende Sprengwirkung zu Abplatzungen. Durch die Verletzung der Materialhaut wird dem weiteren Verfall Vorschub geleistet, da die Zunahme an Rauheit eine exponentielle Ausdehnung der Angriffsfläche bedeutet.

Bewitterte Oberflächen sollten also möglichst lange eine geringe Angriffsfläche bieten. Im günstigsten Fall bilden die abgewitterten Reste eine Schicht, die die darunter liegende Materialoberfläche weitgehend vor späterer Verwitterung schützt. Insbesondere Korrosionsvorgänge bei Metallen bilden solche Schutzschichten, die die Lebensdauer verlängern, solange sie nicht abgebürstet werden.

Anorganische Einwirkungen

Schmutzigeren Formen von Patina werden wir uns jetzt widmen: dem Niederschlag aus Verbrennung und Versottung. Die alten strohgedeckten Katen hatten noch keinen Kamin; der Herd entrauchte in den offenen Dachraum, aus dem der Rauch schließlich über eine Firstöffnung abzog. Schwefelige Gase und Kohlepartikelchen durchzogen die einfachen Räume und Hallen und legten sich auf alles nieder, was nicht abgedeckt war. Wer diese Patina schätzt, kann sie heute noch im Himalaya in tibetischen Herbergen finden. Um die Gäste notdürftig zu wärmen, stehen unter den Tischen gusseiserne Becken mit glühenden Kohlen. Wenn man die Beine unter eine über den Tisch bis auf den Boden reichende Filzdecke steckt und der wärmende Rauch aus allen Ritzen qualmt, versteht man den gewaltigen technischen Vorsprung, den eine Zentralheizung darstellt. Abgesehen von den schädlichen Auswirkungen auf die Gesundheit der Bewohner sind auch alle Wände und Gegenstände von einem Rußfilm überzogen. Nur in den unbeheizten Schlafräumen kann man dem Rauch entkommen. Restauratoren können ein Lied davon singen, wie hartnäckig sich die klebrigen Rußreste mit den Oberflächen verbinden können. Auf den meisten Werkstoffen fungiert diese Patina als Schutzschicht, lediglich auf anorganischen Werkstoffen wie manchen Metallen und Steinen kommt es zu chemischen Reaktionen. Seit der Industrialisierung und erst recht seit der Automobilisierung entweichen aus Fabrikschloten und Auspuffrohren schwefel- und kohlendioxidhaltige Abgase, die als so genannter saurer Regen ausgefällt werden und die steinernen Fassaden der alten Städte angreifen. Nicht nur Denkmalpfleger beklagen den Verfall kostbarer Kulturgüter. Die dünnen Fialen und Risalite alter Dome schwanden binnen weniger Jahrzehnte um mehrere Zentimeter. Manche Heiligenfiguren müssen nach alten Fotos rekonstruiert werden, da sich ihre ehemals fein gearbeiteten Gesichtszüge aufgelöst haben. Weiche Steinprofile schwärzen zunächst ein, verlieren

15 Ausgebleichte und abgewitterte Farbreste

dann ihre Oberflächenkonsistenz und werden zuletzt bei Frost und Regen abgetragen. Salze, die in der Seeluft an Meeresküsten enthalten sind, führen zu rascher Rostbildung auf Eisenteilen und zu Grünspan auf Kupferdächern. Besonders an bodennahen Bauteilen ergeben sich unterschiedlichste Arten von Patina durch den Kontakt mit humiden Säuren oder Alkalien. Unterirdische Kalksteinwände weisen manchmal von eindringendem Grund- oder Regenwasser verursachte Versinterungen auf (siehe Abb. 16).

lung. Dabei ist die Initialphase ausschlaggebend. Die Pollen, die mit dem vorgegebenen Platz am besten zurecht kommen, dominieren die Ausbreitung. Während Moose auf regelmäßige Feuchtigkeitszufuhr angewiesen sind, benötigen Flechten eine neblige, dafür aber schadstofffreie Atmosphäre. Gerade Baustoffe wie Holz oder Lehm, die selbst sehr hydrophil reagieren, ziehen auch feuchteliebende Parasiten an. Wenn eine beständig feuchte Atmosphäre vorherrscht, die ein Austrocknen der Wurzeln verhindert, siedeln sich auch Pilz-Myzelien und

16 Versinterter Kalk an einer Kellerdecke

Vor ein paar Jahren lösten begrünte Häuser noch ideologische Richtungskämpfe aus. Heute sind die Wogen zwischen den Verfechtern grüner Idylle und den Kahlschlag-Anhängern etwas geglättet. Dennoch sei hier der Vollständigkeit halber auf den destruktiven Einfluss von Efeukrallen auf lose Putze oder hinterlüftete Fassaden hingewiesen. Werden alle Wucherungen zum richtigen Zeitpunkt geschnitten, lassen sich allerdings auch »Häuser mit grünem Pelz« jahrzehntelang schadenfrei unterhalten. Es ist nicht verwunderlich, dass neben pflanzlichen Parasiten auch andere Lebewesen die Vorteile von menschlichen Behausungen als schützender Hülle entdecken. Haustiere wie Hund und Katze dulden wir in unserer Nähe. Fast allen anderen Tieren haben wir den Krieg angesagt; je kleiner sie sind, desto weniger achten wir ihr Dasein. Hauptsächlich sind es Insekten, die Patina in und an Gebäuden verursachen: Wespen nagen an losen Holzfasern, die sie für ihre Nester als Rohstoff brauchen. Mücken und Fliegen hinterlassen ihre Ausscheidungen auf Fenstern und an Decken, Ameisen ziehen ihre Straßen. Während die Harmloseren nur die Oberflächen malträtieren, besorgen andere als »Undercover-Agenten« die eigentliche Zerstörung: Termiten und Holzwürmer. Hier hört die Patina auf, Patina zu sein. Auch wenn ein Balken noch so schön von Holzwurmgängen durchzogen ist, sollte doch eher ein Spezialist für Schädlingsbekämpfung auf den Plan gerufen werden.

Größere Gebäude mit profilierten Fassaden, deren Gesimse vor- und zurückspringen, dienen Tauben als Sitz- und Nistgelegenheit. Taubenkot ist wegen seiner alkalischen Nährwirkung zwar auch als Blumendünger begehrt, auf Steinfassaden hinterlässt er dagegen eine ätzende Schicht, die die Kolloide ausfällt.

Organische Einflüsse

Wie schon eingangs erwähnt, bereiten Witterungseinflüsse den Boden für spätere Pionierpflanzen, die sich in den entstandenen Rissen und Poren anzusiedeln versuchen. Die Abfolge von relativ robusten zu immer selektiveren Arten kennzeichnet die Besied-

Grünalgen an. Dabei gilt: je komplexer die Pflanzen, desto später tauchen sie auf. Wenn zum Beispiel die ersten Birkenkeimlinge aus einem Flachdach oder einem Kamin sprießen, war das Dach schon Jahre vorher bemoost.

Alterungsprozesse verschiedener Werkstoffe

In dieser kurzen Übersicht sollen die Hauptmerkmale von Patinierungsvorgängen, unterschieden nach den jeweiligen Baumaterialien dargestellt werden, wobei diese Aufstellung keinen Anspruch auf Vollständigkeit erhebt. Der interessierte Leser sei für die Beantwortung weiterführender Fragen auf die entsprechende Fachliteratur verwiesen.

Natursteine

Die Pharaonen schätzten den roten Granit aus Assuan vor allem, weil er aufgrund seiner Dauerhaftigkeit als Sinnbild der Ewigkeit galt. Er trotzte Hitze und Kälte in der Wüste und diente deshalb als Rohmaterial für gigantische Obelisken und als Außenverkleidung der Pyramiden. Die Bedeutung des Ewigen blieb nicht auf Granit beschränkt, sie wurde auf Stein als solchen übertragen. Allerdings ist Stein nicht gleich Stein. Man unterscheidet die Gesteine gemäß ihrer geologischen Vergangenheit: Da gibt es magmatische Steine, die aus dem erstarrten Lavafluss der Vulkane entstanden sind; darunter sind Basalt und Trachyt zu zählen. Wenn Gesteine sich unter dem Druck jahrtausendealter Ablagerungen gebildet haben, spricht man von Sedimentgesteinen, wozu alle Sandstein-Variationen und der Muschelkalk gehören. Als letzter Typus seien Metamorphite genannt, die bei Erdfaltungen aus bereits vorhandenen Gesteinen durch großen Druck und große Hitze unter Veränderung ihres mineralischen Gefüges entstanden sind; hierzu zählen Schiefer und Marmor. Ein weiteres Unterscheidungskriterium besteht in der stofflichen Zusammensetzung, also darin, welche Mineralien in welchen Steinen enthalten sind. Die Qualität lässt sich nach der so genannten Mohs'schen Härteskala von Talk über Gips und Quarz bis zum Diamant in aufsteigender Härte auch messbar belegen. Mit der Witterungsbeständigkeit und Patinierung haben beide Unterscheidungsarten nicht unmittelbar etwas zu tun, doch ist geringere Härte durchaus mit leichterem Abrieb gleichzusetzen. Je kristalliner die Struktur, desto weniger kann Regen sie auswaschen; zugleich ist die Konsistenz aber umso spröder und anfälliger für Temperaturschwankungen. Ein negatives Kriterium von Sedimentgesteinen ist ihre inhomogene Zusammensetzung. In ihnen sind manchmal dünne Lehmschichten eingeschlossen, die unter Wasserzufuhr aufquellen und bei Frost zu Sprengungen führen; mit der Zeit lässt sich dann eine »Schalenbildung« beobachten. Darunter versteht man einen Prozess, in dem der Stein wie Blätterteig in lose Schichten zerfällt. Metamorphe Gesteine wie Nagelfluh oder Jurakalk, die eine sehr poröse Konsistenz aufweisen, sind ebenfalls nur bedingt witterungsfest, da sich auch an ihnen bei Frost Absprengungen in den Poren beobachten lassen. Auch Säuren, die mit den Niederschlägen in die Steine eindringen, führen, wie schon erwähnt, zu raschen Substanzverlusten. Gerade Kalksteine werden durch Schwefeldioxid rasch als muscheliger Bruch abgetragen. Einlagerungen von Eisen oder Kupfer führen zu Rost beziehungsweise Grünspan, die die Steinoberfläche patinieren. Generell hellen alle Steine mit der Sonneneinstrahlung auf, wenn auch nur in Nuancen. Die Kombination von Schmutz und Niederschlägen führt bei wetterbeanspruchten Flächen zu so genannter *Rieselpatina*: Damit wird bildhaft das Herabrieseln des Regens in abwärts schwächer werdenden Schmutzfahnen umschrieben. Außer dem Polieren der Oberflächen bieten eigentlich nur Tränkungsmittel eingeschränkten Schutz gegen Patina. Es wird unterschieden zwischen anorganischen Mitteln, wie zum Beispiel Kieselsäure-Ester, und Verkittung aus Epoxidharzen oder Silikaten. Die Literatur empfiehlt oft noch eine *Hydrophobierung* der Steinoberfläche als Begleitbehandlung (siehe Abb. 17). Empfehlungen, wie das jeweilige Steinmaterial gefestigt werden soll, können nur erfahrene, spezialisierte Restauratoren und Fach-

17 Fugensanierung und anschließende Hydrophobierung einer barocken Sandsteinmauer

berater abgeben, da fast alle Mittel neben einer Verfärbung auch eine Veränderung der Oberflächenstruktur nach sich ziehen. Auch die nachträgliche Reinigung von patinierten Oberflächen sollte nur von Spezialisten ausgeführt werden, da die Vorgehensweise der Porosität, der Härte und der mineralischen Zusammensetzung der Steine angepasst sein muss. Während sich oberflächliche Flecken auf Marmor bereits mit Seifenwasser beseitigen lassen, sind tiefer gehende Verfärbungen, die auf den Kontakt mit Eisen oder Kupfer, zum Beispiel bei implantierten Halterungen von Fensterläden, zurückzuführen sind, bei hellem Marmor oder Alabaster mineralisiert und nicht mehr revidierbar. Sandsteine sollten auf keinen Fall immer sandgestrahlt werden. Oft lassen sich mit einem Hochdruck-Wasserstrahl im Wirbelstromverfahren bessere Ergebnisse erzielen, da die Oberfläche mechanisch nicht so angegriffen wird.

Beton

In dem Ausspruch der achtziger Jahre »Schade, dass Beton nicht brennt«, der sich gegen die Betonbauten der Wirtschaftswunderzeit richtete, lag eher simplifizierende Panikmache gegen jede rigide Planung als gegen den Baustoff als solchen. Es gibt genügend Projekte aus jener Zeit, zum Beispiel die Siedlung Halen der Schweizer Architektengruppe Atelier 5 von 1962, die zeigen, dass Beton nicht zwingend mit Tristesse und Inhumanität gleichgesetzt werden kann. Der Architekt Jacques Blumer von Atelier 5 schreibt über die Patinierung ihrer kleinteiligen Betonbauten: »In alternden und sich mit Geschichte füllenden Gebäuden scheint weiter die Architektur durch: Irgendwann kommt die Veränderung der Veränderung, die Patina lagert sich auf der Patina ab. Die Architektur vergisst ihren Ursprung …, ohne dass sie aufhört, Architektur zu sein. ›L'architecture c'est ce que donne une belle ruine.‹ Allerdings kann man mit Recht behaupten, dass, selbst wenn sie in der Ruine durchscheinen mag, die Architektur in anderen Stadien des Bauwerkes klarer hervortritt. Die Ruine mag das Schicksal sein, ein Ziel ist sie nicht unbedingt.«[1]

Der letzte Satz könnte Motto dieses Buches sein, zeigt er doch auf, dass Patina kein Selbstzweck sein kann. Patina an Betonbauten ist mit dem Hautgout von Schmutz verbunden.

Beton ist der Baustoff der Moderne, der Postmoderne, des Dekonstruktivismus und der zweiten Moderne. Beton verkörpert wie kein zweiter Baustoff den Inbegriff des Modernen. Zwar kannten schon die Römer einen primitiven Stampfbeton, das »opus caementitum« – daher stammt unser Wort Zement –, doch den ingeniösen Erfolg zeitigte erst die Erfindung des monolithischen »Eisenbetons«: Dieser fand zunächst nur im Ingenieurbau bei Brücken und Staumauern Anwendung. Im Hochbau wurde er in großem Umfang erst im 20. Jahrhundert eingeführt. Gerade die plastischen Qualitäten des Betons, die mit anderen Materialien kaum – und wenn, dann nur bedingt – umsetzbar waren, ließen entwerferische Freiheiten entstehen, die im 19. Jahrhundert unbekannt waren. Die Zusammensetzung aus Wasser, Zement und anorganischen Zuschlägen von Sand und Steinen war von Anfang an einfach. Schwieriger und mittlerweile fast eine Wissenschaft ist die Bestimmung von Zugkräften und optischen Qualitäten im aktuellen Betonbau. Die Art der Schalung, die Festigkeit und die Mischungsverhältnisse werden von Schalungstechnikern, von Sieblinien, Probewürfeln und Luftporen-Messgeräten akribisch genau qualitativ bemessen, vor allem dann, wenn glatte, annähernd fugenlose Oberflächen gewünscht werden. Doppelschalige Wände mit einer im Kern liegenden Dämmung garantieren auch bauphysikalisch beste Werte. Die Qualität bemisst sich an dem vom japanischen Architekten Tadao Ando vorgelegten Purismus. Und doch lassen sich, selbst wenn alle Herstellungsfehler ausgemerzt wurden, Patinierungen nicht vermeiden. Sie vermitteln auf rauem Beton mit sichtbaren Kiesnestern und Lunkern – technisch ein Fauxpas – eine unprätentiöse Ästhetik (siehe Abb. 18). Während Le Corbusier noch mit rauen Schalungsbrettern regelrechte Reliefbilder auf seine Betonoberflächen »malte«, die mit der Zeit fast »lyrisch« patinierten, tun sich heute übliche puristische, vielleicht auch noch mit Weißzement eingefärbte Betonfassaden schwer, unregelmäßige Flecken und Schlieren zu ertragen. Vielfach wird durch plastifizierende Betonzusätze oder Anstriche versucht, den jungfräulichen Glanz polierter Oberflächen möglichst lange zu erhalten. Analog zu dem für Natursteine schon Gesagten gilt auch hier, dass Sanierungen in der Regel zu Lasten des Glanzes und der Eigenfarbigkeit der ehemaligen Oberflächen gehen. Sandstrahlen oder lasierende Aufträge von kunststoffverstärkten Reparaturmörteln verfälschen das Ursprungsbild grundlegend.

Lehm, Ziegel, Klinker und Putze

»Der westliche Mensch lebt in der Regel in streng geometrischen Bauten. Gekommen ist er jedoch aus einer Höhle.«[2] Lehm, so weit konnten wir schon in den vorangegangenen Kapiteln erfahren, ist einer der am weitesten verbreiteten Ur-Baustoffe, da er auch in wald- und steinarmen Gegenden allerorten abzubauen war. Geschätzt wird er hauptsächlich wegen seiner organischen Formbarkeit und seines raumklimatischen Speichervermögens. Und er ist ein Baustoff der Wüsten der Dritten Welt, da er keine hohen technischen Anforderungen stellt und wenig Regen verträgt. So wird er auch für Lehm-Moscheen der Sahelzone (siehe Abb. 19) von den Gläubigen verbaut. Mit Fachkenntnis und neueren Entwicklungen lassen sich jedoch auch im Norden Lehmbauten verwirklichen, die bei ausreichendem Schutz vor Witterung auch langlebig sind. Im Gebäudeinneren vermittelt glatter Lehmputz eine samtweiche Haptik, der durch Gebrauch einen speckigen, warmen Glanz bekommt, der sich gut für Wohnräume eignet. Während dem Baustoff Lehm das Vorurteil des Primitiven anhaftet, wird er in seiner gebrannten Form geradezu moralisch überhöht. Wir wollen wieder Gerhard Auer zu Wort kommen lassen, der einen leicht verständlichen *Stammbaum der Werkstoffe* entwickelt hat. Seine Systematik kennzeichnet mit der dritten Stufe die Verwandlung der Baustoffe mittels Feuer. Er sagt, dass »… das Brennen von Mörtelkalk und Ziegeln wohl die früheste bauphysikalische Innovationsleistung«[3] sei. Bereits in Mesopotamien wurden Ziegel und gebrannte Keramik an öffentlichen Gebäuden eingesetzt, man denke an das mit blau glasierten Ziegeln bekleidete Ischtar-Tor aus

Babylon, das im Berliner Pergamon-Museum zu besichtigen ist.

Zu wahrer Meisterschaft im Mauerwerksbau (siehe Abb. 20) brachten es die Römer, deren Begriff »tegula« zu unserem Ziegel mutierte. Allerdings war Ziegel für die Römer ein sekundärer Baustoff, das Primat behielt der Naturstein. Im Laufe der Baugeschichte versuchte man, durch Vorauswahl und Reinigung die Qualität der Tonerden zu verbessern. »Beim so genannten *Wettern* wird der Ton im Freien gelagert, so dass Sonne und Frost auf ihn einwirken können und sich die verhärteten Klumpen lockern. Beim *Sumpfen* in speziellen Gruben wird dem Ton Wasser zugeführt, während beim *Mauken* in feuchten Kellern die verrottbaren Bestandteile ausgären.«[4] Die Witterungsbeständigkeit ließ sich aber nur durch bessere Öfen und damit gleichmäßigere und höhere Temperaturen verbessern. Heute stellt sich ein Brennvorgang so dar: »In der Anwärmphase entweicht bei Temperaturen von 100 bis 400 °C das im Ton enthaltene freie Wasser. In der anschließenden Aufheizphase zwischen 400 und 850 °C erfolgen mehrere chemisch-physikalische Prozesse, bei denen das chemisch gebundene Wasser frei wird und die organischen Bestandteile ausbrennen. Bei 575 °C verändert der im Ton enthaltene Quarz seine Kristallstruktur und ab 700 °C zersetzen sich die Kalkanteile. Im so genannten Garbrand wird der Ziegel entsprechend seiner zukünftigen Verwendung auf Temperaturen zwischen 850 °C und – wie etwa beim Klinker – 1250 °C erhitzt. Je höher die Brenntemperatur des Scherbens war, desto geringer ist die spätere Wasseraufnahme des Steins.«[5] In der Regel lassen sich gute Festigkeiten normalen Mauerwerks erreichen, was in der niederdeutschen Bautradition zu werkstoffsichtigen Backsteinbauten geführt hat. Hauptangriffspunkt der Witterung beim Ziegelmauerwerk ist deshalb die Fuge. Selbst ein hoher Zementanteil kann nicht verhindern, dass Wasser durch die Poren eindringt und zur langsamen Zermürbung der Fuge führt. Mit dem Frost folgt die mechanische Abwitterung, so dass die Ziegelflanken offen liegen, auf denen sich vor allem an Nord- und Westseiten Moose und Flechten ansiedeln, die für ein beständig feuchtes Mikroklima sorgen. Um relativ robuste und wegen ihrer polychromen Farbigkeit geschätzte Fassaden aus *Torfbrandklinkern* gegen Witterung zu schützen, ist auf eine handwerklich saubere Fugenausbildung zu achten. Nachträglich lassen sich Ziegelfassaden wie mittelharte Natursteine schonend nur im Wirbelstromverfahren reinigen, ohne die versinterte Oberfläche zu schädigen. Nicht verklinkerte Ziegelsteine sind als horizontale Mauerabdeckungen nicht zu empfehlen, da Sonne, Frost und Hitze ihnen sehr zusetzen.

Um empfindliche Ziegelwände zu schützen, wurden schon bei den Römern Außenputze als Verschleißschicht aufgetragen, die gleichzeitig als ästhetisches Aushängeschild verstanden wurde (siehe Abb. 21). Nach ihrer Konsistenz unterscheidet man zwischen Lehmputzen, Kalkputzen und Zementputzen sowie deren Mischformen. Sie werden in bis zu drei Schichten aufgetragen, wobei der Prozentgehalt an Bindemitteln und die Feinheit der Zuschlagsstoffe nach oben hin zunimmt. Kalkputze sind säureempfindlich und verseifen leicht unter Einwirkung von saurem Regen. Dagegen neigen Zementputze wegen ihrer Härte zur Riss- und Schalenbildung und platzen flächig ab, wenn eingedrungenes Wasser sich bei Frost ausdehnt. Üblicherweise weisen alle Putze je nach Korngröße ihrer jeweiligen Zuschläge eine feine bis grobe Haptik auf. Zusätzlich können mit speziellen Wurftechniken und Reibebrettern Muster hergestellt werden, die zum Teil jedoch in Disneyland besser aufgehoben wären als an üblichen Hausfassaden. Putze können auch flächige oder plastische Ornamente zeigen. In zweilagige Putze mit einem hellen Oberputz auf einem dunklen Trägerputz werden vor dem endgültigen Aushärten mittels Drahtschlingen Muster gekratzt, die im Schweizer Engadin als »Sgraffito« weit verbreitet sind. Mit Holzschablonen werden Friese und Risalite als leicht erhabene Reliefs gezogen. Dass alle erhabenen Flächen besonders anfällig für Flugstaub und andere Patina sind, erklärt sich von selbst. Heutige Putze werden zum großen Teil mit plastifizierenden Bindemitteln oder Zuschlagstoffen versehen, die zwar die Lebensdauer der Putze verlängern, aber bauphysikalisch nicht immer unbedenklich sind.

Metalle

»Mit dezenten Anlauftönen kündigt es sich an: der spitze Glanz polierter Metalle erlischt. Bronze, Messing und Kupfer verfärben sich nach und nach zu stumpfem Braun, das sich fortschreitend zu mittlerem Grau verdichtet, um sich schließlich in pastelliges Grün zu verwandeln.«[6] Von den Bronzen nahm der Begriff Patina seinen Ausgang; in weiterem Sinn sind alle Korrosionsvorgänge bei Metallen als Patina zu verstehen. Während Rost an nicht veredeltem Eisen mit einer schnell zunehmenden Volumenvergrößerung und mit Aufplatzen der Oberfläche einher geht, wird die Angriffsvehemenz durch Legierungen von Kupfer, Chrom und Nickel zu höherwertigem Stahl wesentlich verringert. Allerdings sollten Kontakte mit Säuren, Chloriden, Gips und Magnesitmörtel vermieden werden, da diese auch Stahl sofort angreifen. Im Innenraum braucht die so genannte Zunderschicht auf gewälzten Stahlblechen nicht abgeschliffen zu werden, sie lässt sich als Patina auch in Wohnräumen einsetzen. Wenn weitere Patinierung durch Hautkontakt vermieden werden soll, müssen die Flächen mit Klarlack versiegelt werden – allerdings auf Kosten des stumpfen Mattglanzes. Aggressiverer Witterungsbeanspruchung lässt sich nur durch Einsatz von hochwertigen Legierungen mit etwa 18 Prozent Chrom-, 12 Prozent Nickel- und 2 Prozent Molybdän-Anteil als »Edelstahl rostfrei« begegnen, oder durch schwachlegierte Baustähle mit dichtender oxidischer Deckschicht als *Cortenstahl*. Üblicherweise genügen bei schwachem Witterungsangriff oder im Innenbereich Rostschutzanstriche aus Bleimennige oder Zinkchromat, die zusätzlich noch lackiert werden sollten. Die Haltbarkeit solcher Anstriche liegt unter zehn Jahren. Eine langfristigere Lösung bietet nur passiver Korrosionsschutz mit metallischen Überzügen. Die höherwertigen Metalle können entweder im Schmelztauchverfahren in Form einer Feuerverzinkung, oder bei sehr großen Bauteilen als Spritzmetallüberzüge aufgebracht werden. Kleine Stahlteile wie Türbeschläge werden in Galvanisierbädern mit Zink, Aluminium, Nickel, Cadmium oder Chrom elektrolytisch veredelt. Bei dauerhaftem Kontakt mit Wasser oder Säuren sollten zusätzlich auch

Chlorkautschukfarben oder Kunststoffbeschichtungen aufgebracht werden.

Nichteisen- oder NE-Metalle wie Aluminium, Kupfer, Zink oder Blei finden wegen ungünstiger Materialkennwerte keine Anwendung in der Tragkonstruktion, dafür sind sie als Halbzeuge im Ausbau unersetzlich. Aluminium regeneriert sich bei einer Verletzung der Oberfläche mit der sofortigen Bildung einer Schutzschicht, die es gegen weitere Korrosion schützt. Seine Oberflächen sind gegen Säuren und Basen sehr empfindlich und stumpfen bei Witterung rasch ab. Allerdings lässt sich durch eine **el**ektrolytische **Ox**idation des **Al**uminiums, kurz *Eloxal*-Behandlung, je nach Verfahren und Legierung, eine dünne, abriebfeste Einfärbung von goldgelb bis schwarz erreichen. Im Unterschied zu Aluminium wird Kupfer schon sehr lange als Gebrauchsmetall verwendet. Seinen Namen erhielt es von den in römischer Zeit vornehmlich auf Zypern (lateinisch cuprum) angesiedelten Bergwerken. Es ist wegen seiner vielfältigen Legierungen auch heute im Bauwesen sehr geschätzt. Härtere Legierungen aus Kupfer und Zink werden als Messing, aus Kupfer und Zinn als Zinnbronze bezeichnet. Kupfer bildet unmittelbar nach seinem Einsatz im Kontakt mit der Witterung eine dunkelbraune Kupferoxid-Patina, die weitere Korrosion verhindert. Grünspan, bei anderer atmosphärischer Zusammensetzung auch schwarzes Kupferkarbonat, bildet sich am Meer und in Industriegebieten schon nach etwa fünf Jahren, in höheren Gebirgslagen zum Teil erst nach mehr als dreißig Jahren. In den letzten Jahrzehnten wurden verschiedene Verfahren entwickelt, um vorpatinierte Kupferbleche auch industriell mit gleichbleibender Qualität herzustellen.

Da auch Zink oft als Dachdeckung Verwendung findet, ist auf die so genannte Kontakt-Erosion zu achten, wenn ein höher liegendes Kupferdach in eine Zinkrinne entwässert. Im Regenwasser mitgeführte Ionen des edleren Kupfers führen auf dem unedleren Zink zu einer galvanischen Reaktion und schließlich zu Lochfraß. Auch ist bei Zinkdächern auf eine ausreichende Hinterlüftung zu achten, da die Bleche bei Bildung von Kondenswasser an der Unterseite korrodieren können. Ferner sollten Zinkrinnen von Laub freigehalten werden, da die entstehende Huminsäure sehr aggressiv auf die dünne Beschichtung wirkt. Ein letztes Wort zu einem Metall, das selten eingesetzt wird: Blei. Aufgrund seiner sofortigen Bildung einer anthrazitgrauen Oxidschicht ist es nahezu resistent gegen Patina, es sei denn es kommt in Kontakt mit freiem Kalk, der weißlichen Bleifraß hervorruft. Die Farbe Bleiweiß entsteht unter Zugabe von weiteren Stoffen im Erdreich.

20 Bogendetail mit römischen »Tegula«-Ziegeln an der Basilika in Trier

Hölzer und Holzwerkstoffe

Wir haben bereits etwas ausführlicher über die Patinierung von Holz gesprochen (Seite 29), so dass wir die Ausführungen hier etwas kürzer fassen können. Frisch geschlagenes Holz vergilbt zunächst bis zu einem gewissen der Holzart eigenen Grad. Eiche, Kirschbaum und andere Obsthölzer verbräunen, ebenso hellere Hölzer wie Kiefer, Linde, Erle und Pappel. Selbst ohnehin dunkle Hölzer wie Nussbaum und Rüster dunkeln nach. Dahinter verbirgt sich der progressive Abbau des *Lignins* unter Sauerstoffeinfluss. Durch grelles Sonnenlicht tritt eine Aufhellung ein, natürlich bei dunkleren Hölzern in geminderter Form im Vergleich zu hellen Holzarten (siehe Abb. 22). Allmählich stellt sich bei allen Holzarten auf sonnenbeschienenen Flächen eine silbergraue Zellulose-Pelzschicht ein, auf der Regen leicht abperlt. Parallel zu der farblichen Veränderung verläuft eine Austrocknung der Holzquerschnitte, die sich als *Schüsselung* von Brettern und als Rissbildung bei Kanthölzern äußert. Abhängig von der Holzart sind für den Außenbereich nur harz- oder ölhaltige und dadurch witterungsresistente Hölzer geeignet: Ohne auf tropische Hölzer wie Teak oder Mahagoni, die wegen ihrer öligen Lignine eine hohe Dauerhaftigkeit aufweisen, zurückgreifen zu müssen, können in Europa Eiche, Lärche und Douglasie Gleiches leisten. Analog zur Bestimmung des maximalen Astanteils sind

18 Patinierte Betonmauern vor der Pädagogischen Hochschule in Eichstätt von Karl-Josef Schattner

19 Lehmbau-Moschee in Mali mit auskragenden Steigehölzern für die jährlich anfallenden Reparaturarbeiten

Verfärbungen wie Stock-Bläue oder Rot- und Braunstreifigkeit nach Güteklassen geregelt.

Holzwerkstoffe sind in Form von Fasern oder Furnierschichten untereinander verklebt und nur bedingt witterungsstabil. Von maßgeblicher Bedeutung ist auch hier eine gute Hinterlüftung und ein Schutz gegen eindringendes Wasser an der saugfähigeren Stirnseite. Holzschutz erfolgt entweder durch Tauchimprägnierung oder durch Kesseldruck gegen Insektenbefall, Fäulnis und Hydrophilie. Leider ist die Akzeptanz von sichtbaren, unbehandelten Holzflächen nicht sehr hoch. In der Regel werden deshalb Bretter, Balken und insbesondere Fenster und Türen gestrichen. Anstriche auf Holz sind grundsätzlich möglich, wobei jedoch auftretende Risse die Schutzschicht hinfällig machen. Alle lasierenden Anstriche, die eine atmungsaktive Porosität sichern, sind den deckenden Lacken vorzuziehen, da eingedrungenes Wasser leicht wieder entweichen kann.

21 Römischer Palazzo mit abblätterndem Oberputz

22 Verwitterter Holzpavillon auf dem Quirinal in Rom

Kunststoffe

Mit den mittelalterlichen Alchimisten wurde laut Gerhard Auer die eigentliche Transformation der Werkstoffe eingeleitet. Der Bruch mit dem »Sakrileg des Analysierens und Synthetisierens führte zur Wissenschaft der Chemie, und nicht dem Handwerker und Baumeister, sondern dem Laboranten und Chemotechniker verdanken die Baumaterialien ihre vierte und fünfte Natur.«[7] Thermoplaste, Duroplaste und Elastomere, Polyvinyle, Epoxide und Polystyrole lieferten den Rohstoff für die sublime Kultur, die hinter dem Deckmantel der Hardware ablief. Was wären Filme ohne Zelluloid, Damen ohne Nylonstrümpfe, Autos ohne Gummireifen? Bis auf eine kurze Phase parallel zur Studentenrevolution, während der sich Architekten und Designer mit Pneus und Plastikschalen beschäftigten, stellte der Einbruch durch die Ölkrise die vorherige Situation wieder her: ein unvoreingenommenes Herangehen der Planer an die Möglichkeiten, mit Kunststoffen, Kohlefasern oder biogenetisch veränderten Baustoffen auch im Bauwesen zu arbeiten, wurde ein für alle Mal als Utopie und abseitige Pop-Artistik diskreditiert. Es ist hinlänglich bekannt, dass die bisher erprobten Baustoffe aus Plastik nur schlecht oder gar nicht altern können. Sie verlieren mit den grellbunten Farben abrupt auch ihre statische Tragfähigkeit.

Dennoch, es bleibt ein fader Beigeschmack. Muss Utopie immer gleich bedeuten, dass sie hypermobil und kurzlebig ist? Die Leichtbau-Konstruktionen aus Membranen, Plexiglas-Schalen und Kohlefaser-Rohren erregen immer noch Erstaunen. Wer sagt, dass es keine Kunststoffe geben wird, die sogar würdevoll altern können? Dauerhafte Kunststoff-Konstruktionen können auch ästhetisch befriedigend gestaltet werden. Welche Möglichkeiten stecken in der Synthetisierung von Recycling-Rohstoffen oder Pflanzenfasern? Könnte es nicht sein, dass im 21. Jahrhundert neue Kunststoffe die Architekten lehren, wie sie zu bauen haben? Wir werden sehen.

---

1. Jacques Blumer in der Broschüre der Architektenkammer Hessen: Patina. Junius: Hamburg 1996, Seite 86 ff.
2. Günter zur Nieden und Christian Ziegert: Neue Lehmhäuser international. Bauwerk: Berlin 2002, S. 11
3. G. Auer in: Daidalos, Architektur – Kunst – Kultur, Heft 56, Magie der Werkstoffe I. Bertelsmann: Gütersloh 1995, S. 20 ff.
4. Anton Graf: Einfamilienhäuser aus Backstein. Callwey: München 1998, S. 10
5. A. a. O., S. 12
6. Th. Brachert: Patina. Vom Nutzen und Nachteil der Restaurierung. Callwey: München 1995, S. 78
7. G. Auer, a. a. O., S. 26

Beispiele für moderne Architektur mit Patina

- **38** Metall
- **60** Beton
- **78** Stein
- **96** Ziegel/Putz
- **102** Holz
- **114** Naturmaterialien

Kaffee, Cognac und Rost in der Schlosserei

pool Architektur ZT GmbH, Wien, Österreich

Die rahmenlose Verglasung sitzt bündig in der hinterlüfteten Stahlblechfassade.

Unter der Galerie befinden sich die Toilettenräume der Bar; im Vordergrund führt die Verbindungstreppe zur Galerie.

Einige Baudaten

Projektmitarbeiter: Christoph Lammerhuber, Axel Linemayr, Florian Wallnöfer, Evelyn Wurster

Entstehungszeit: 1998–2000

Ort: Trumau/Österreich

Fassaden: Stahlrahmenkonstruktion, vorgehängte naturbelassene Stahlplatten, innen mit Heraklith gedämmt

Die Schlosserei ist der einzige Industriebau in diesem Buch, er hat allerdings mehr Atmosphäre, als derartige Gebäude sonst vermitteln. Dies ist wohl auch dem unkonventionellen Bauherrn zu verdanken, der sich als Kopfbau seiner Werkstatt eine Bar wünschte. Wenn abends die Lichter in der Werkstatt ausgehen, gehen sie in jenem Kopfbau an – ein kleiner Magnet für die Nachtschwärmer des kleinen Orts Trumau in der Nähe von Baden bei Wien. Der Baustoff, mit dem der Bauherr sein Geld verdient, sollte roh und unverfälscht verwendet werden, andererseits sollte er zeigen, was mit ihm möglich ist: unbehandelte Stahlbleche, die einer Stahlrahmen-Konstruktion vorgehängt sind. Um den Patinierungsvorgang gleichmäßig langsam ablaufen zu lassen, wurde die Fassade hinterlüftet und mit passgenauen Fugen ausgebildet. Die jungen Architekten verbindet mit dem Bauherrn die unverkrampfte Suche nach dem Authentischen. Und genau das unterscheidet auch das Gebäude von all den lieblos in der Gegend gelandeten Industrie-UFOs aus Trapezblech. Die Halle selbst bietet, was nötig ist: einfache quadratische Fensteröffnungen, deren Teilung die Fassadenbahnen widerspiegelt, eine robuste, geschliffene Betonbodenplatte, eine Gasstrahlheizung und einfache Leuchtstrahler. Nur die Eingangsseite mit der Bar zeigt mehr. Ausgeklappt aus der Front liegt eine schräg ansteigende Stahlrampe vor einer dreidimensional »windschiefen« Stahlebene, die an die Fassade geführt wird. Die Verglasung ist flächig aus der Stahlbox ausgeschnitten. Im Barraum selbst führt einerseits eine Treppe empor zu einer höher liegenden Galerie, unter der sich die Toiletten befinden, andererseits führt eine Rampe die Fassade entlang zu einer Podestfläche, auf der sich der Tresen befindet. Von dort aus treppen sich sieben Sitzebenen kaskadenartig zur Galerie empor. Von den Sitzebenen aus hat man durch eine abtrennende Glasfront Einblick in die Schlosserwerkstatt. Das Nebeneinander tut dem heterogenen Ganzen gut. Zusammengehalten wird es von einem Werkstoff, dessen Patina zwischen dem Braun von Kaffee und dem Goldocker von Cognac oszilliert.

Dass das ungewöhnliche Gebäude ein Industriebau ist, fällt dem Passanten nicht auf den ersten Blick auf.

pool Architektur 39

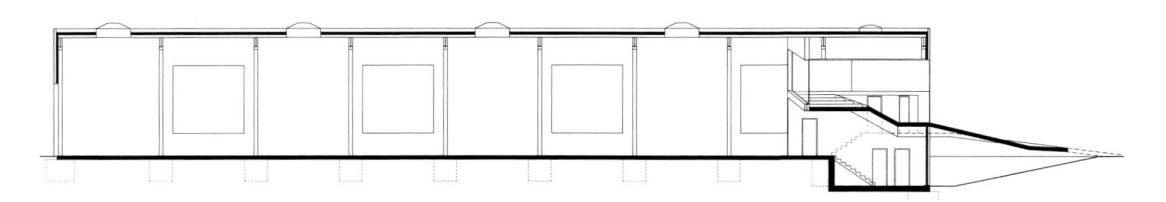

Schnitt, M 1:400

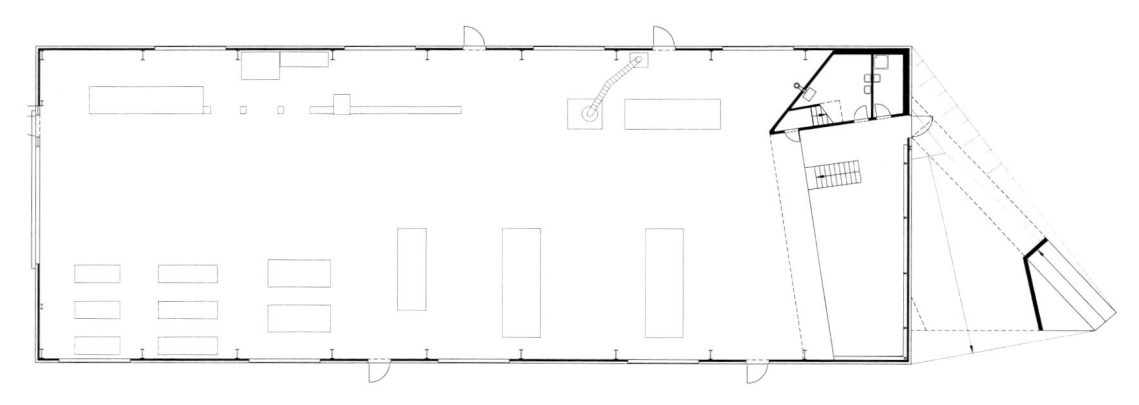

Hallengrundriss mit Sozialräumen unter der Bar, M 1:400

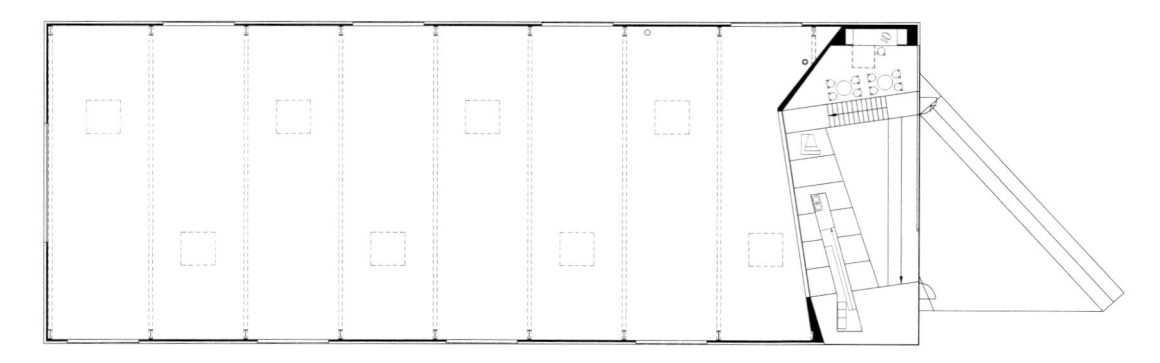

Oberer Grundriss mit Bar, links, und Luftraum der Halle, M 1:400

40 Metall

Blick von der Podestebene mit dem Bartresen im Vordergrund auf die dahinter ansteigenden Sitzebenen, von denen aus man den Schlossern bei der Arbeit zusehen kann.

Blick von der Werkstatthalle auf den Kopfbau; oben sichtbar die Bar, darunter schieben sich die Sozial- und Nebenräume für die Mitarbeiter.

pool Architektur 41

Denkmal und Museum für die Varus-Schlacht

**Annette Gigon/Mike Guyer
Architekten, Zürich, Schweiz**

Einige Baudaten
Projektleitung: Volker Mencke
Mitarbeiter: Markus Lüschen, Massimo Wüthrich, Christoph Lötschen
Landschaftsarchitekten: Zulauf/Seippel/Schweingruber, Baden, Schweiz
Ausstellungskonzept: intégral concept, Ruedi Bauer, Lars Müller
Tragwerk: Gantert + Wiemeler Ingenieurplanung, Münster
Entstehungszeit: 1998–2002
Ort: Bramsche-Kalkriese bei Osnabrück, Deutschland
Fassade: Stahlskelett mit Cortenstahlplatten, teilweise mit Porenbetonausfachung

Jedes Schulkind, das sich mit Latein geplagt hat, kennt jenes Kaiser Augustus in den Mund gelegte »Varus, Varus, gib mir meine Legionen wieder!« als Reaktion auf die vernichtende Niederlage, die Varus, römischer Statthalter in Germanien, durch Arminius, eingedeutscht Hermann, im Teutoburger Wald erlitten hatte. Erst seit 1988 ermöglichen es Ausgrabungen, die vage überlieferten Umstände der Schlacht konkreter zu fassen. Das Grabungsgelände rund um den Kalkrieser Berg sollte zu einem archäologischen Parcours mit Museum und Besucherzentrum umgewandelt werden. Den 1998 beschränkt ausgeschriebenen Wettbewerb gewannen die Schweizer Architekten Annette Gigon und Mike Guyer, die sich mit mehreren Museen schon einen Namen gemacht hatten. Zusammen mit den Landschaftsarchitekten erarbeiteten sie ein Konzept, gemäß dem der Verlauf der Kämpfe entlang einem Wall aus Rasensoden, parallel zu einem heute nicht mehr sichtbaren Waldsaum, als »begehbarer Schlachtplan« nachvollziehbar dargestellt werden soll. Stangen kennzeichnen den Verlauf des Walls, mit Holzschnitzeln bestreute Wege verdeutlichen die Manöverlinie der Germanen, und in den Boden eingelegte Stahlplatten weisen in die Vorstoßrichtung der Römer. Ein Geländeschnitt, der mit Spunddielen, wie man sie aus dem Wasser- und Tiefbau kennt, in den Boden gerammt wurde, bildet in etwa die Bodenschichten der Zeit vor 2000 Jahren ab. Drei kleine Pavillons bringen den Besuchern unter den Themen »Sehen«, »Hören« und »Fragen« den Ort selbst, aber auch die angespannte Situation vor kriegerischen Auseinandersetzungen nahe. Da alle Bauteile jahraus, jahrein der Witterung ausgesetzt sind, wählte man ein zeitloses Material, das die geschichtliche Thematik noch vertieft: Cortenstahl. Wie bereits beschrieben, bildet sich unter Luftzufuhr auf dem speziell legierten Stahl sofort eine Patinaschicht, die gewissermaßen als Schutzschicht weiteren Rostangriff wirksam verhindert. Insbesondere das als riesiger Bügel über dem Gelände »schwebende« Museum arbeitet mit der plastischen Wucht der rostbraunen Patina. Die kantige Hülle aus gezielt proportionierten Stahlblechplatten kleidet allseits ein Stahlskelett, das sich in den wenigen Öffnungen teilweise zeigt. Während der liegende Quader die Ausstellungs- und zugehörigen Nebenräume sowie ein paar Verwaltungsräume enthält, dient die teils offene Vertikale als begehbarer Aussichtsturm, von dem aus sich das gesamte Grabungsgelände überschauen lässt.

Selbst das Dach des Baukörpers ist mit vorpatinierten Stahlplatten belegt, die wasserführende Sperrschicht befindet sich darunter.

Die Silhouette des Museums ist prägnant: Der liegende Balken beherbergt die Ausstellung, der senkrechte Baukörper ist ein vierzig Meter hoher Aussichtsturm.

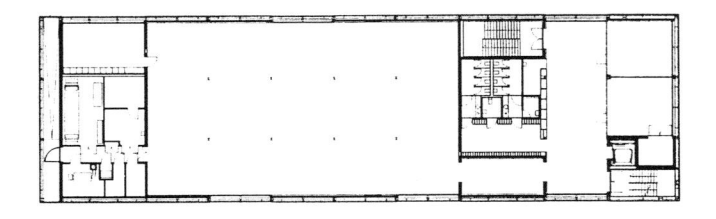

Grundriss der Ausstellungsebene

Längsschnitt durch das Gebäude

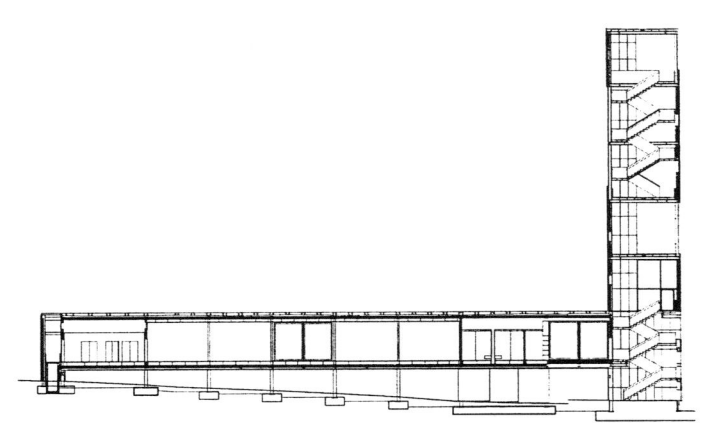

Detailansicht der Dachfläche vom Turmaufgang aus

Der interne Treppenaufgang zur Aussichtskanzel des Turms und das sichtbare Gerippe der Stahlträgerkonstruktion sind aus gebürstetem, nicht patiniertem Stahl gefertigt, da die empfindliche Patinaschicht durch den Abrieb der Hände abgetragen würde und die Schutzwirkung dadurch verloren ginge.

Öffentlicher Badepavillon am Fluss

RCR arquitectos, Olot (Girona), Spanien

Einige Baudaten

Projektteam: Rafael Aranda, Carmen Pigem, Ramon Vilalta

Mitarbeiter: A. Saez

Tragwerk: A. Blazquez/LL. Guanter

Entstehungszeit: 1998

Ort: Tussols-Basil, Spanien

Fassade: Cortenstahl und Edelstahl als Wandbekleidung

Der Flusspark des kleinen nordspanischen Städtchens Tussols war schon länger ein gut besuchter Badeort für Einheimische und Ausflügler aus der nahen Großstadt Barcelona. Etwas außerhalb der Ortschaft entstanden im Lauf der Zeit ein Spazierweg, ein Sportzentrum und ein Tennisplatz. Lediglich am Flüsschen selbst gab es keine bauliche Infrastruktur für die Badenden. Einfache Umkleidekabinen und Toiletten sollten ein Mindestmaß an Komfort bieten.

Stabil und robust gegen Vandalismus mussten die Materialien sein, da das Flussufer vom Ort nicht immer einsehbar und für jedermann zugänglich ist. Die jungen Architekten aus Olot, die sich mit anderen Gebäuden schon überregional einen Namen erworben hatten, entwarfen ein Gebäude, dessen Komposition an Mies van der Rohes Farnsworth House in Illinois erinnert. Ein Plateau aus schwarz eingefärbten Betonplatten, gegen Verwitterung zusätzlich mit Quarz und Polyurethanharzen beschichtet, wurde um eine Stufe über das Ufergelände angehoben. Die im Grundriss leicht gekrümmte Fläche dient den Badenden als warmer Liegeplatz. Neben der Liegefläche stehen drei Umkleidekabinen und ein Kioskraum aus geschlossenen Stahlpaneelen. Während die Umkleiden mit sandgestrahltem Edelstahl verkleidet sind, wurde der Kiosk mit vorpatiniertem Cortenstahl ummantelt. Die vier Raumhüllen werden von einem gemeinsamen Stahldach überdeckt und zu einer Gesamtgestalt zusammengefasst. Die Einfachheit des Entwurfs wirkt der Aufgabe angemessen und daher zeitlos: die Materialien sind es sicher auch: Der Gedanke an ihre Patina stand hinter der Wahl.

Skizze der Architekten

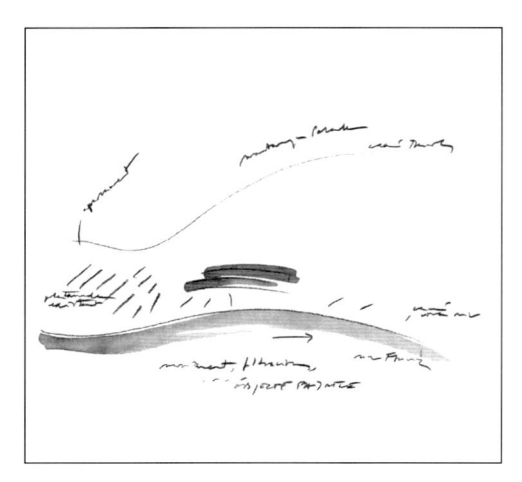

Grundriss des Pavillons

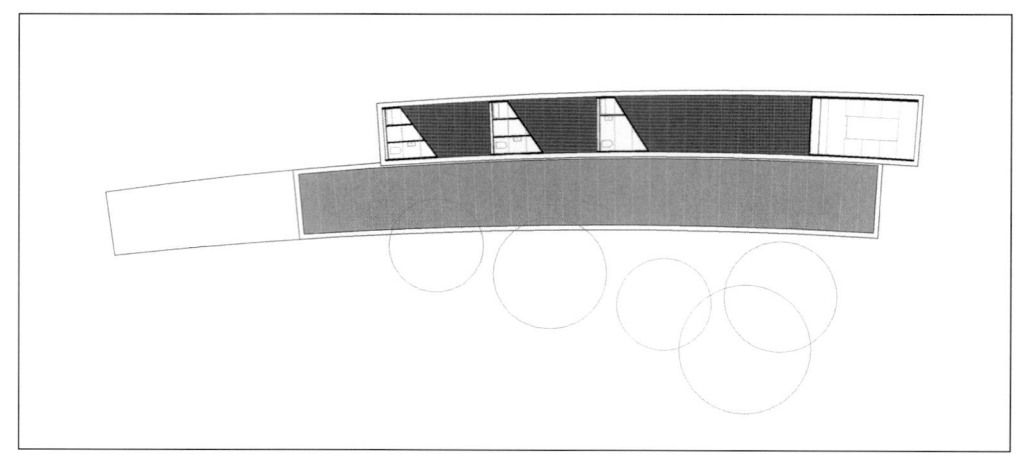

In einem leichten Bogen, parallel zum Flussufer, sind Liegefläche und das Dach des Schwimmpavillons angeordnet.

Blick in die spartanischen Umkleideräume. Bei Regen spiegeln sich Dachuntersicht und Uferbäume in den blank polierten, schwarzen Betonplatten.

Wie ein Kunstobjekt steht das Gebäude in der Uferzone. Die einzelnen Kuben wurden etwas auseinander gezogen, damit keine optische Barriere entsteht.

RCR arquitectos 47

Gefiltertes Licht in einem Haus in Hamburg

Gerkan, Marg und Partner, Hamburg, Deutschland

Einige Baudaten

Entwurf: Meinhard von Gerkan mit Partner Nikolaus Goetze

Projektleitung: Thomas Haupt

Mitarbeiter: Gabi Nunnemann, Nicole Löffler

Tragwerksplaner: Ing.-Büro Bartels, Hamburg

Entstehungszeit: 1996–2000

Ort: Hamburg, Deutschland

Fassade: Glasfassaden mit verschiebbaren Cortenstahl-Gittern

Wenn ein großes parkartiges Grundstück geteilt wird, um Platz für ein weiteres Haus zu gewinnen, ist die Einbindung in die ehemalige Situation vorrangiges Kriterium für den Neubau. So auch bei diesem Projekt im gehobenen Hamburger Stadtteil Othmarschen. Das zweigeschossige Einfamilienhaus wurde so nah wie möglich an die östliche Grundstücksgrenze geschoben, um den alten Baumbestand weitgehend zu schonen. Doch anders als die sonst dort anzutreffenden Villen gehorcht der Entwurf einfachen Prinzipien. Architekt und Bauherr entschieden sich für eine Lösung, die von der Moderne des Bauhauses unter Anwendung heutiger Materialien geprägt ist. Die einsehbaren Seiten des Quaders wurden mit weiß verputzten Lochfassaden aus wärmegedämmtem Mauerwerk geschlossen. Sie trotzen wie ein Schild der Neugier der Nachbarn und den Unbilden der Natur an der nicht besonnten Nordseite. Dagegen ist die auf den Garten weisende Südseite in ihrer ganzen Höhe und Breite verglast. Eine Fassade aus verschiebbaren Cortenstahl-Gittern schützt halbwegs vor zudringlichen Blicken und starker Besonnung. Ursprünglich wurde von den Bauherren eine alternative Ausführung in Teakholz favorisiert, da sie der Witterungsbeständigkeit heimischer Nadelhölzer nicht vertrauten. Diese Lösung kam dann jedoch wegen der hohen Kosten nicht in Betracht. Die 26 aus feinen Blechstreifen verschweißten Rahmen laufen mittels kugelgelagerten Rollen auf Parallelschienen vor der Glasfassade und können je nach Witterung und Laune in andere Positionen verschoben werden. Die sich unter Luftkontakt sofort bildende Patina auf dem speziell legierten Baustahl Corten verhindert fortschreitende Rostbildung. Das Gebäudeinnere besticht durch eine ebenso

Verschiebbare Blendschutzgitter lassen sich beliebig über die gesamte Gartenfassade, die bis auf die hölzerne Eingangstür komplett verglast ist, verteilen.

klare, nüchterne Materialsprache. Bereits am Eingang von der Südseite her zeigen begleitende Nurglas-Schiebewände, die den Besucher in der zweigeschossigen Diele erwarten, dass auch hier Reduktion und Transparenz die bestimmenden Entwurfselement waren. Eine zweiläufige Treppe führt in das Obergeschoss mit den Schlafräumen. Im Erdgeschoss erstreckt sich rechts neben der Diele die Küche-Esszimmer-Spange über die Breite des gesamten Hausgrundrisses. Durch Aufschieben der Glaswände werden Diele und der dahinter angegliederte Wohnraum zu einem großen Raum verbunden. Lediglich der Gästetrakt an der Nordseite ist von der variablen Offenheit ausgenommen. Auf den geschliffenen und gewachsten Duralit-Estrichböden und den mit »calce tirata« (gezogener Kalk) verputzten Wänden zeigt das Licht- und Schatten-Spiel der Blendgitter, dass auch hier Patinaspuren möglich und akzeptiert sind.

Grundriss Erdgeschoss, M 1:200

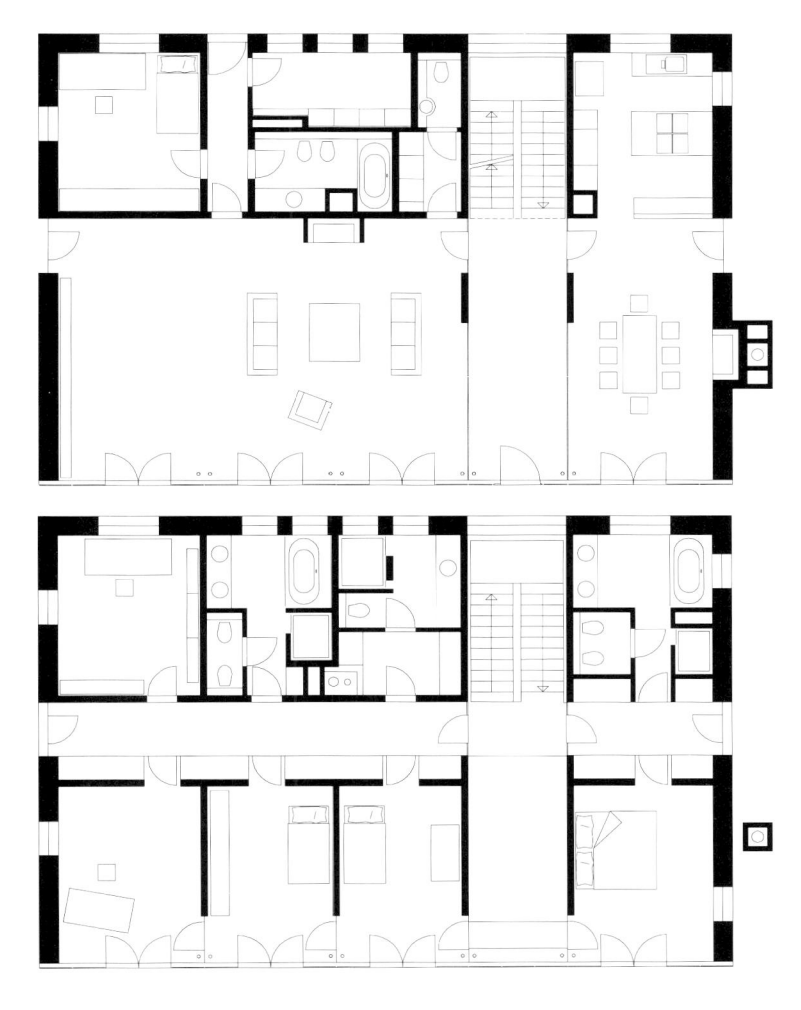

Grundriss Obergeschoss, M 1:200

Corten ist ein Baustahl, der bei Luftkontakt sofort einen so genannten Edelrost als Patina bildet und die darunter liegenden Schichten vor weiterem Rost schützt.

Die Hell-Dunkel-Kontraste auf den geschliffenen Böden erinnern an Gitterwerk in indischen und arabischen Palästen, die ebenfalls der Sicherung von Privatheit und kühlem Raumklima dienen.

Hafenkontrollturm

Gonçalo Byrne Arquitectos Lda., Lissabon, Portugal

Einige Baudaten

Projektleiter: Rolf Heinemann, Marta Caldeira

Mitarbeiter: José Maria Assis, Vitor Pais, Margarida Silveira Machado, Pedro Castro Neves, João Fernandes, Patricia Barbas, Filipe Mónica

Tragwerksplanung: A2P Consult, João Appleton, Nuno Travassos, Francisco Virtuoso

Entstehungszeit: 1997–2001

Ort: Mündung des Rio Tejo vor Lissabon, Portugal

Fassaden: Vorgehängte Fassaden aus vorpatinierten Kupferblechen oder Kupferlamellen

Wie an einem belebten Verkehrsflughafen herrscht auch in der Hafeneinfahrt von Lissabon ein ständiges Kommen und Gehen. Während Überwachungstürme früher auf rein visuelle Beobachtung und Funkkontakt hin konzipiert waren, haben sich in unseren Zeiten längst elektronische Geräte etabliert, die den Schiffsverkehr überwachen. Auch die Hafeneinfahrt von Lissabon am Mündungsarm des Tejo sollte einen neuen Kontrollturm mit der aktuellsten Radar- und GPS-Technik erhalten. Da der dafür vorgesehene Ort auf einer neu errichteten Mole in unmittelbarer Nähe des »Torre de Belém«, des mittelalterlichen Hafenturms, auch städtebaulich sehr exponiert ist, wurde ein beschränkter Wettbewerb ausgeschrieben, aus dem Gonçalo Byrne als Sieger hervorging. Sein Turm basiert auf einem rechteckigen Grundriss, der sich leicht in Richtung Wasserfläche neigt. Mit dieser Geste demonstriert er gleichzeitig seine Kontrollfunktion und eine zeitgemäße Dynamik. Sein gestalterischer Aufbau mit Sockel, Schaft und Krone ist dagegen fast klassisch zu nennen. Der baulichen Dreiteilung entspricht eine ähnlich funktionale Aufteilung im Inneren: Im Sockel liegen die Zugänge und drei Zufahrten mit Sicherheitsschleuse und zwei Aufzügen. In den fünf Geschossen darüber befinden sich, geschützt hinter dicken Betonwänden, die Rechner und übrigen Gerätschaften. Zusätzlich finden sich dort auch Seminarräume für die Ausbildung. Außen wurde der Schaft des Gebäudes mit einer wärmegedämmten Vorhangfassade aus rötlich braunen, vorpatinierten Kupferblechen verkleidet, deren Oxidschicht sich unmittelbar nach Einbau in Kontakt mit der Luft aufbaut und die Konstruktion sehr anspruchslos und dauerhaft macht. Durch die salzige Meeresluft wird sich vermutlich mit der Zeit ein leichter Schimmer Grünspan in das Braun der Bleche einlagern. Den Kopf des Gebäudes bilden drei rundum verglaste Ebenen, die die Arbeitsplätze an den Radarschirmen und Computer-Monitoren beherbergen. Distanzhalter fixieren eine Blendschutz-Konstruktion aus waagrechten, unbehandelten Kupferlamellen vor den Glasfassaden. Der Abstand der Lamellen entspricht der Teilung der darunter liegenden geschlossenen Blechfassade. Zusätzlich haben die dreißig Mitarbeiter vom Dach des 38 Meter hohen Gebäudes einen unverstellten Überblick über die gesamte Flussmündung.

Detailansicht der vorpatinierten Kupferbleche. Die Lamellen im oberen Bereich dienen gleichzeitig als Blendschutz für die Kontrollplattformen.

Detailansicht der mit regionalem Lioz-Kalkstein verkleideten Sockelzone mit dem darüber liegenden Turmschaft aus gekanteten Kupferblech-Paneelen: Die Schuppen versteifen die Blechform und dienen zugleich als Tropfleiste.

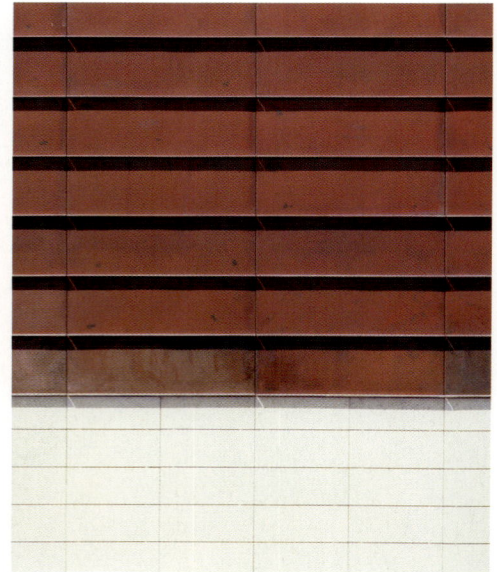

Entwurfsskizze des Architekten

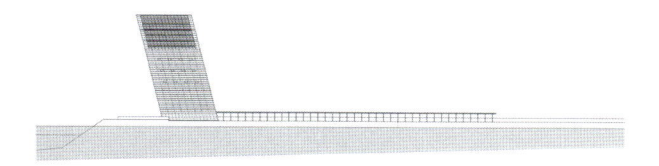

Ansicht von Osten

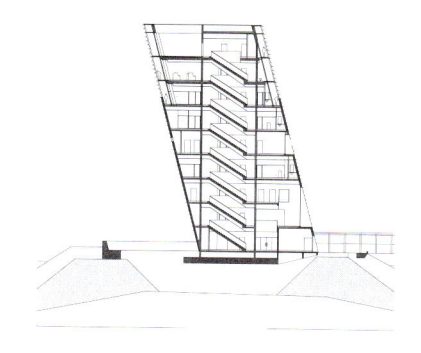

Längsschnitt

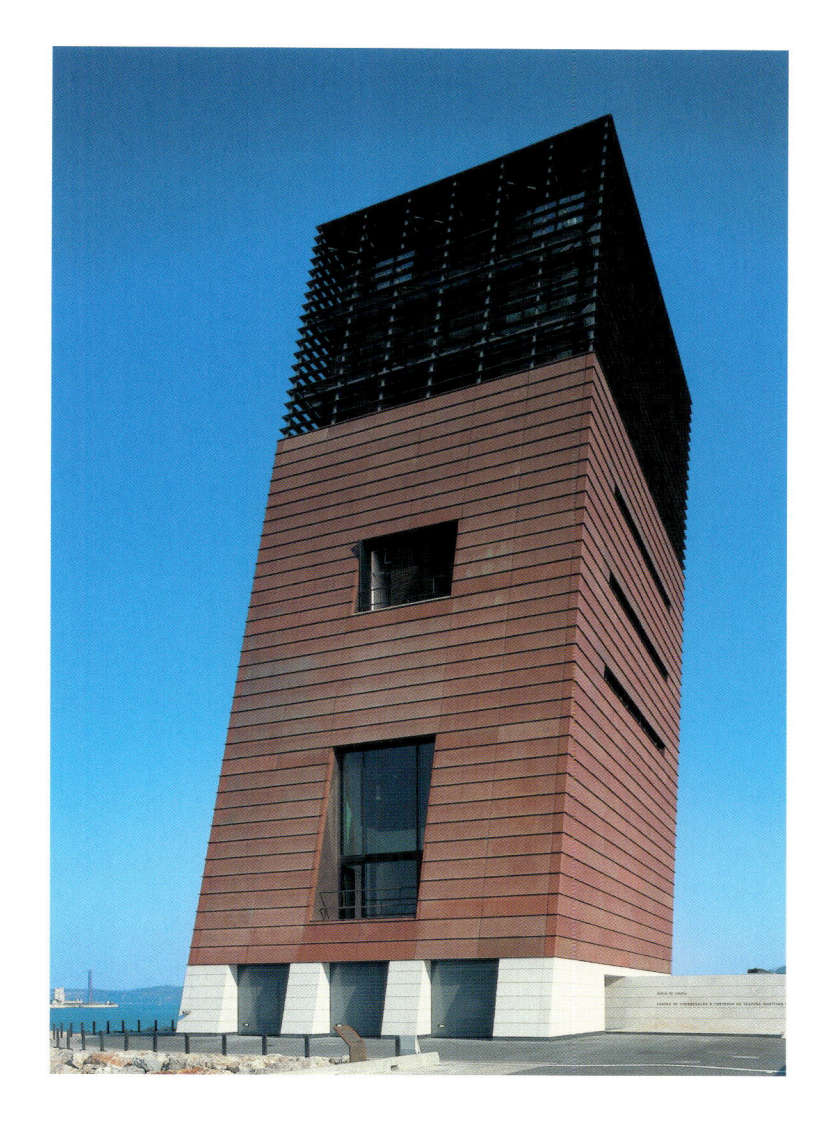

Trutzig erhebt sich der Turm an der Mole der Hafeneinfahrt. In seiner freien, exponierten Lage ist er dem Angriff von Wind und Wetter ausgeliefert.

Die markante Silhouette des Kontrollturms soll auch als Wahrzeichen Lissabons für die Schifffahrt von weitem erkennbar sein.

Gonçalo Byrne

Aufwertung eines Hotel-Hinterhofs

Diener & Diener Architekten, Basel, Schweiz

Einige Baudaten

Bauausführung: Architektengemeinschaft Diener & Diener mit Tüpfer, Grüter + Schmid

Bauingenieur: Plüss + Meyer AG

Haustechnik: Aicher, de Martin, Zweng AG und
Josef Ottinger & Partner

Fassade: Kronenberger AG, Luzern

Entstehungszeit: 1995–2000

Ort: Hotel Schweizerhof in Luzern, Schweiz

Fassaden: vorgehängte Fassade aus einesteils Glas im Structural-Glazing-Verfahren mit schwarz eloxierten Aluminiumprofilen, anderenteils vorbewitterten und grün patinierten Kupferblech-Bekleidungen

Die Besitzer des renommierten Hotels Schweizerhof, direkt an der Uferpromenade der Stadt Luzern am Vierwaldstätter See gelegen, wollten im Zuge ohnehin notwendiger Modernisierungsmaßnahmen den von Nebengebäuden gerahmten Hinterhof durch ein neues Kongresszentrum aufwerten. Dabei wären zwei bauhistorisch bedeutende Säle – einer von ihnen wurde von Leonhard Zeugherr in spätklassizistischem Stil errichtet – vom Abriss bedroht gewesen. Nach Widerspruch der Denkmalschutzbehörde wurde ein eingeladener Wettbewerb ausgeschrieben, den Roger Dieners Büro für sich entscheiden konnte. Seine Lösung bestand darin, nicht nur die beiden Säle zu erhalten, sondern die ehemalige Rückseite durch Abriss unbedeutender Nebengebäude städtebaulich aufzuwerten und diese Rückseite öffentlich zugänglich zu machen. Mittlerweile hatten auch die Hotelbesitzer von einem neuen Kongressbau Abstand genommen, sie planten nun mit der Schweizer Warenhaus-Genossenschaft Migros den Neubau eines Marktzentrums mit integrierter Klubschule für Erwachsenenbildung. Die Rückseite der mondän bebauten Seepromenade wird parallel von einer ehemals als Hauptstraße fungierenden Straßenspange erschlossen, an der neben dem Hotel auch eine alte Stadtkirche liegt. Angrenzend beginnt hier auch die alte Stadt. Der Entwurf sah vor, den voluminösen neuen Baukörper frei zwischen Kirche und rahmenden Hotelannex zu platzieren. Die Architekten erklärten ihre Absichten mit folgenden Worten: »Die

Blick den Migrosmarkt entlang zum See. Der verglaste Übergang im Hintergrund verbindet das Nebengebäude mit dem nicht sichtbaren Hauptbau des Schweizerhofs. Rechts im Bild angeschnitten ist die Matthäuskirche erkennbar.

Nachbarschaft zur Matthäuskirche provoziert den Gedanken, dass die neue Migros in der Tradition der Markthallen steht, die schon immer in jeder Stadt zum Inventar der wichtigen öffentlichen Bauwerke gezählt haben. Die Aufgaben dieser Gebäude haben eine besondere Form und Materialisierung ergeben, und das ist in diesem Fall nicht anders. Das macht den besonderen Reiz aus, das führt auch zu einer gewissen Monumentalität, obwohl die Dimensionen der Migros im Vergleich zum Ensemble des Hotels Schweizerhof noch immer bescheiden sind. Der Gebäudekörper ist auch wie eine Basilika, jener Grundform der Hallenbauten, geschnitten.« Der dreischiffig wirkende Baukörper ist in Wirklichkeit jedoch ein Stahlbetonskelettbau, der mit patinierten und nach dem Nordic-Green-Verfahren vorbewitterten Kupfer und Glas ebenbündig verkleidet wurde. Die graugrüne Patina unterstreicht die schlichte Maßstäblichkeit, die den Bau als Katalysator in die sehr heterogene Bebauung einbindet.

*Der Innenausbau der Klubschule ist denkbar
nüchtern gehalten. Die wellig dessinierten Gläser
verhindern den Einblick in den hier gezeigten
Gymnastikraum.*

*Rahmenlos aufgeklebte Klarglasscheiben und
Kupferblechpaneele gehen flächenbündig ineinander über, während die Oberflächenstruktur
der Klappfenster ein wenig Rauheit vermittelt.*

Diener & Diener

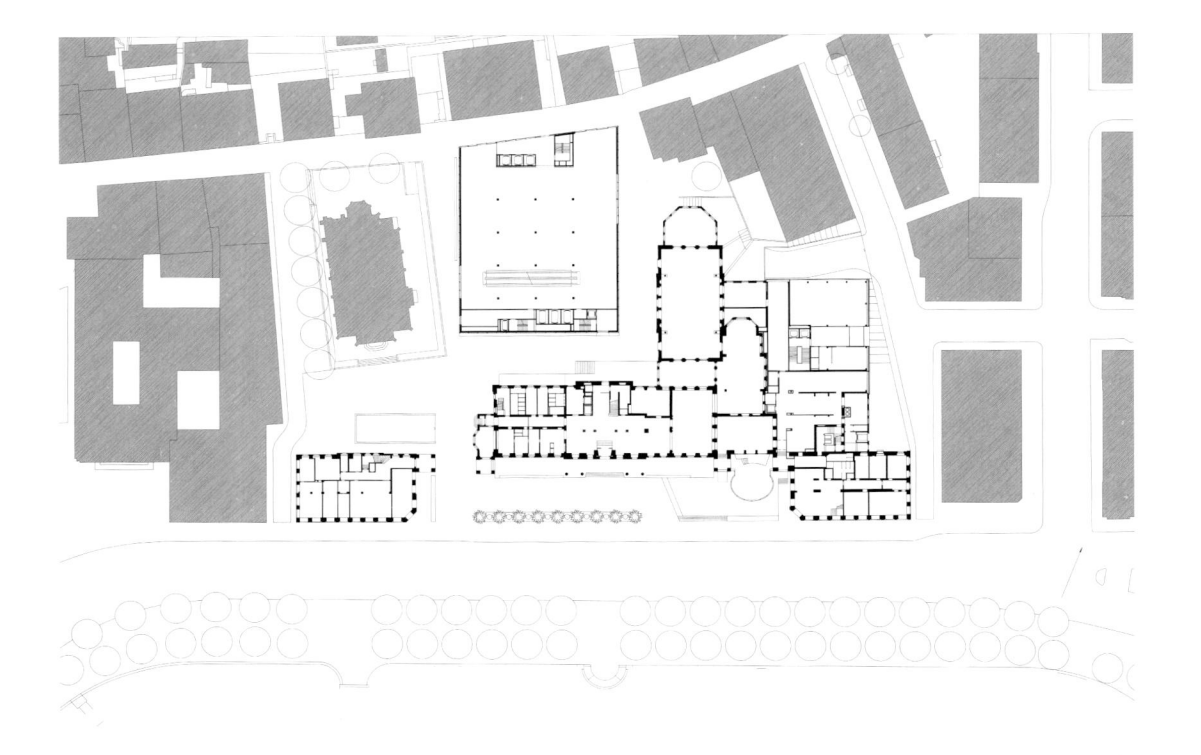

Detail der patinierten und vorbewitterten Kupferbleche, in deren Fugen sich Kletterpflanzen bereits emporhangeln.

Grundriss des Erdgeschosses, unten die Seepromenade, im Zentrum das Hotel, rechts die Matthäuskirche und daneben der Migros-Markt

Detailplan der Fassade: In Kombination mit inneren Drehflügeln sind die Klappflügel als Kastenfenster konstruiert.

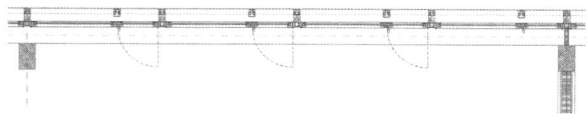

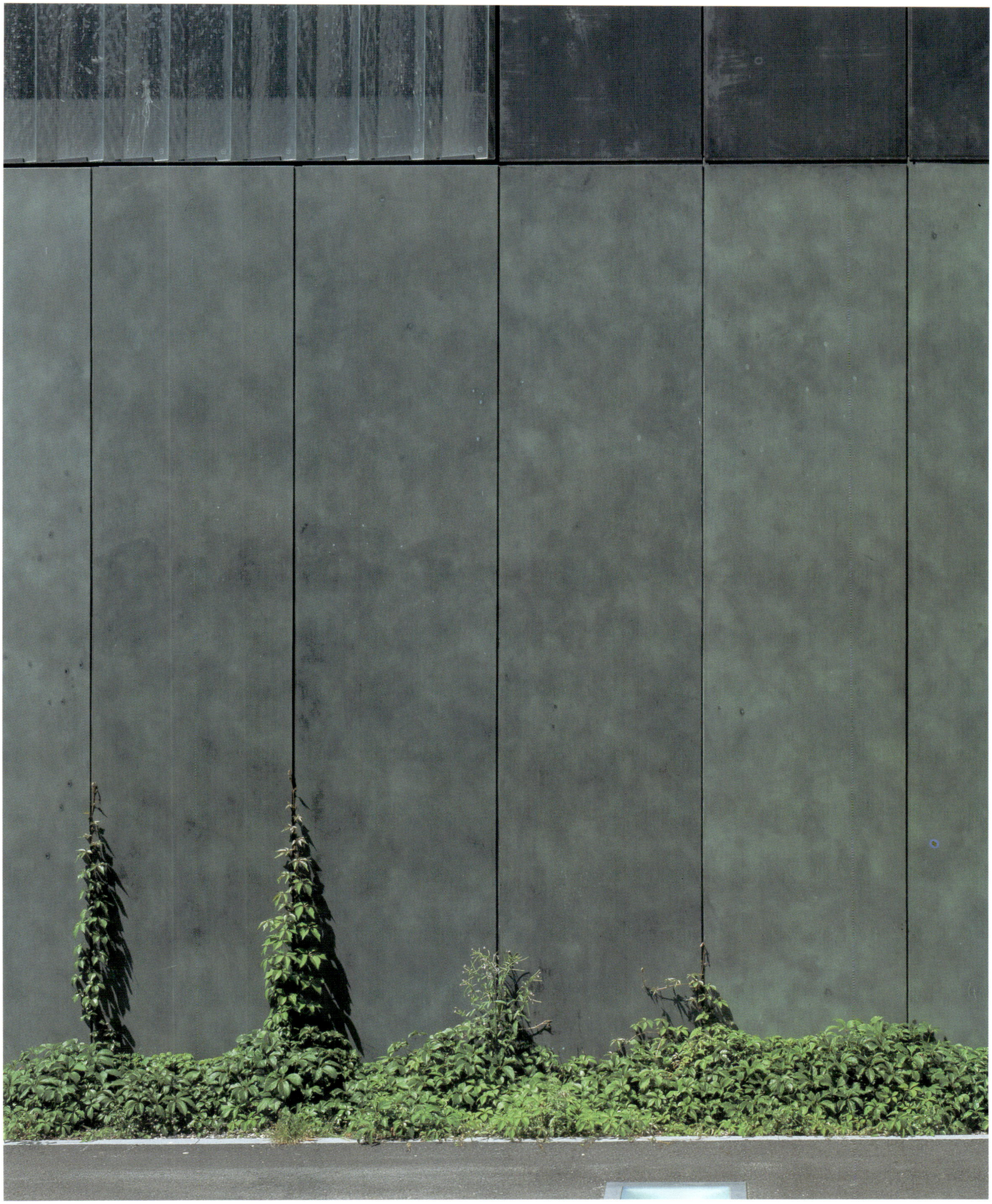

Ein Bergbauarchiv mit einer Hülle aus Blei und Holz

Gerkan, Marg und Partner, Hamburg, Deutschland

Einige Baudaten

Entwurf: Meinhard von Gerkan mit Partner Joachim Zais

Projektleitung: Matias Otto

Mitarbeiter: Thomas Dreusicke, Helge Reimer, Horst-Werner Warias

Tragwerksplaner: Ing.-Büro Binnewies, Hamburg

Entstehungszeit: 1998–2000

Ort: Clausthal-Zellerfeld, Deutschland

Fassade: hinterlüftete und wärmegedämmte Fassaden mit Bleiblechbahnen oder einer Lattung aus sibirischer Lärche

Clausthal-Zellerfeld im Harz ist den meisten wohl nur durch alkoholfreies Bier und die Universität vertraut. Dass hier seit dem frühen Mittelalter ein reger Bergbau vor allem zur Gewinnung von Bleierz oder Bleiglanz für die Herstellung von Silbermünzen betrieben wurde, wissen die wenigsten. Die Zuständigkeit des dort ansässigen Oberbergamts reicht trotz des mittlerweile eingestellten Bleiabbaus über fast den gesamten norddeutschen Raum. Die Dokumente allerdings, die zum Teil nur in Dachböden aufbewahrt wurden, stellen einen reichen Fundus der Bergbautechnik und ihrer kulturgeschichtlichen Bedeutung in der Zeit vom Mittelalter bis zur Neuzeit dar. Der Entwurf für einen Neubau sah die Auslagerung des Archivs aus dem dreiflügeligen Hauptgebäude in den Garten vor, der sich hangabwärts erstreckte. Mit dem plakativen Vergleich mit einem »aufgeschlagenen Buch« beschreiben die Architekten die Baukörperkonstellation. Es ist ihnen gelungen, diesen Entwurfsansatz bis ins Detail durchzuhalten. Symbolisch verkörpert der Baustoff Blei in Anlehnung an die ehemalige Bedeutung für den Ort den Buchrücken, während sich die zellulosehaltigen Buchseiten als Holzlatten ablesen lassen. Es ist die Absicht der Architekten, dass sich aufgrund der Bewitterung die noch helle Lärchenlattung dem stumpf glänzenden Grauton der Blei-Scharen schon bald annähern wird. Der Dualität des Materialkonzepts entspricht eine ebenso klare Ausarbeitung der Funktionen. Eingegraben in das abschüssige Gelände verbirgt sich das Sockelgeschoss, das die Besucher zu ebener Erde vom Garten aus betreten, das aber zudem über einen unterirdischen Flur mit dem Hauptgebäude verbunden ist. Hier finden sich Eingangsbereich, Garderobe, Nebenräume und teilbare Veranstaltungsräume. Zehn nebeneinander in Reihe angeordnete Türfenster an der Gartenfront bringen Tageslicht in den vorderen Ausstellungsraum. In den Saal im Zentrum der Ebene wird Licht durch vier abdunkelbare Oberlicht-Sheds gelenkt. Der markante, fensterlose Archivturm, der sich über dem Basisgeschoss aufrichtet, wird nur an einer Stelle durchbrochen. Der schmale Baukörper ist ansonsten komplett geschlossen, um die lichtempfindlichen Schriften in den Kompaktregalen vor Tageslicht zu schützen. In der drei mal drei Meter großen Glasvitrine beidseits des Gebäudes liegt der einzige Bezug nach draußen. Sie wirkt, in den Worten der Architekten, wie ein »Auge« und taucht den Leseraum an dieser Stelle in helles Tageslicht.

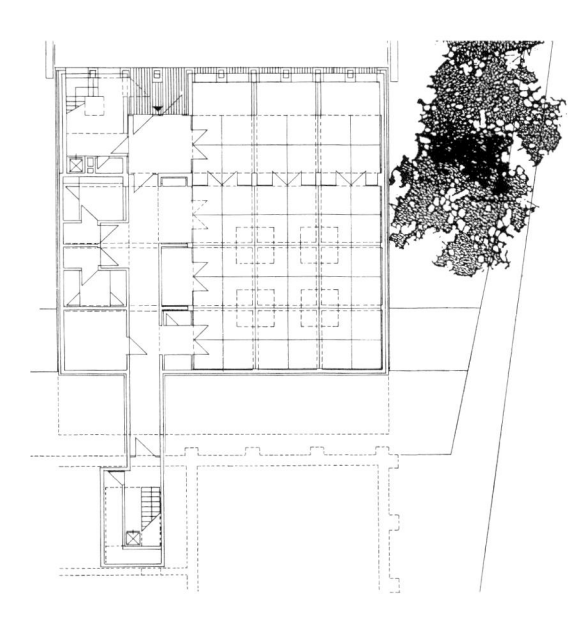

Grundriss des Sockelgeschosses, M 1:300

Querschnitt durch das Archiv, M 1:300

Noch sind der warme Ton der kantigen Latten aus sibirischer Lärche und das dunkle Blaugrau der Bleischaren unterschiedlich, ihre Farbigkeit wird sich mit der Zeit aber annähern.

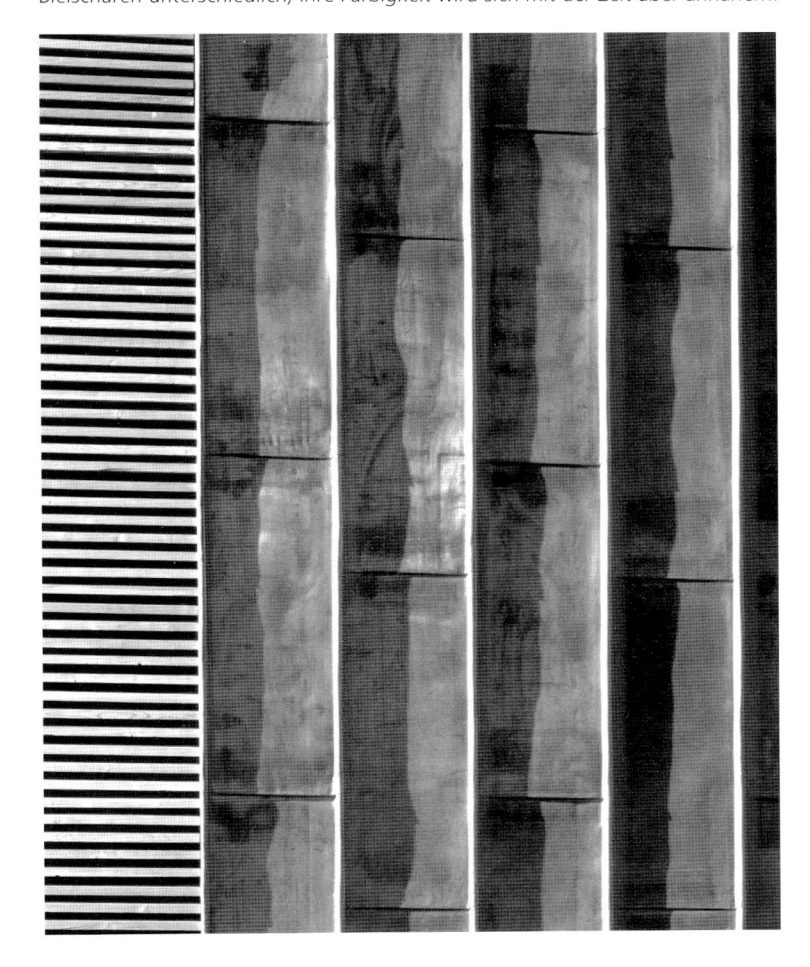

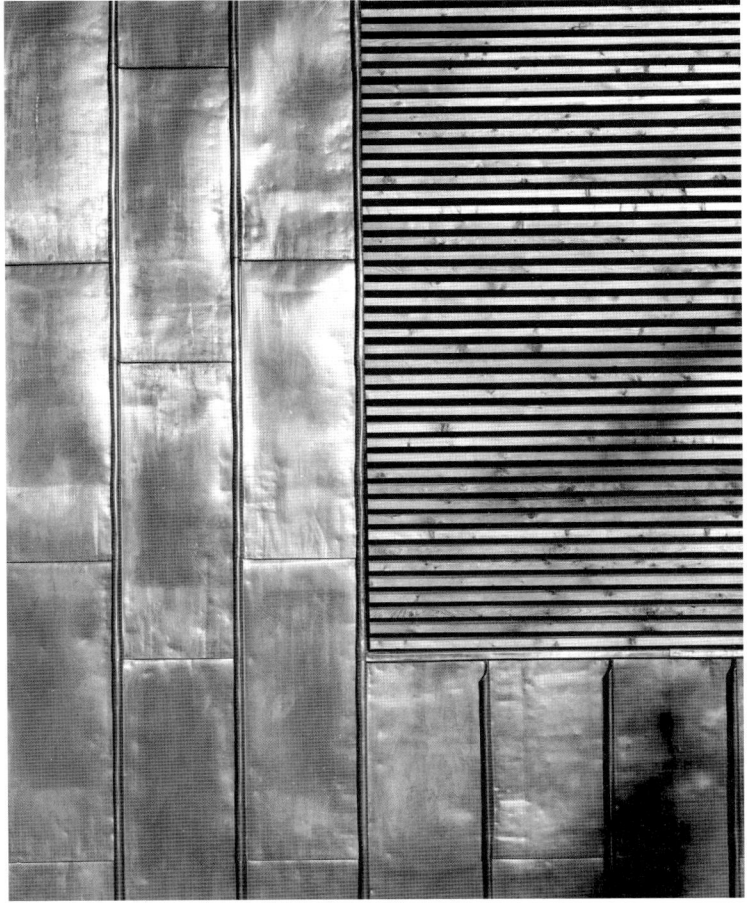

Im Streiflicht der Abendsonne schimmert der matte Glanz auf der Bleifassade. Im Hintergrund ist die kleinteilige Bebauung des Umfelds erkennbar.

Die dunkle Bleischürze umfängt die waagrechte Lärchenverkleidung. Der fensterlose Archivturm ist nur dort, wo sich der Leseraum befindet, mit einer großen Öffnung versehen.

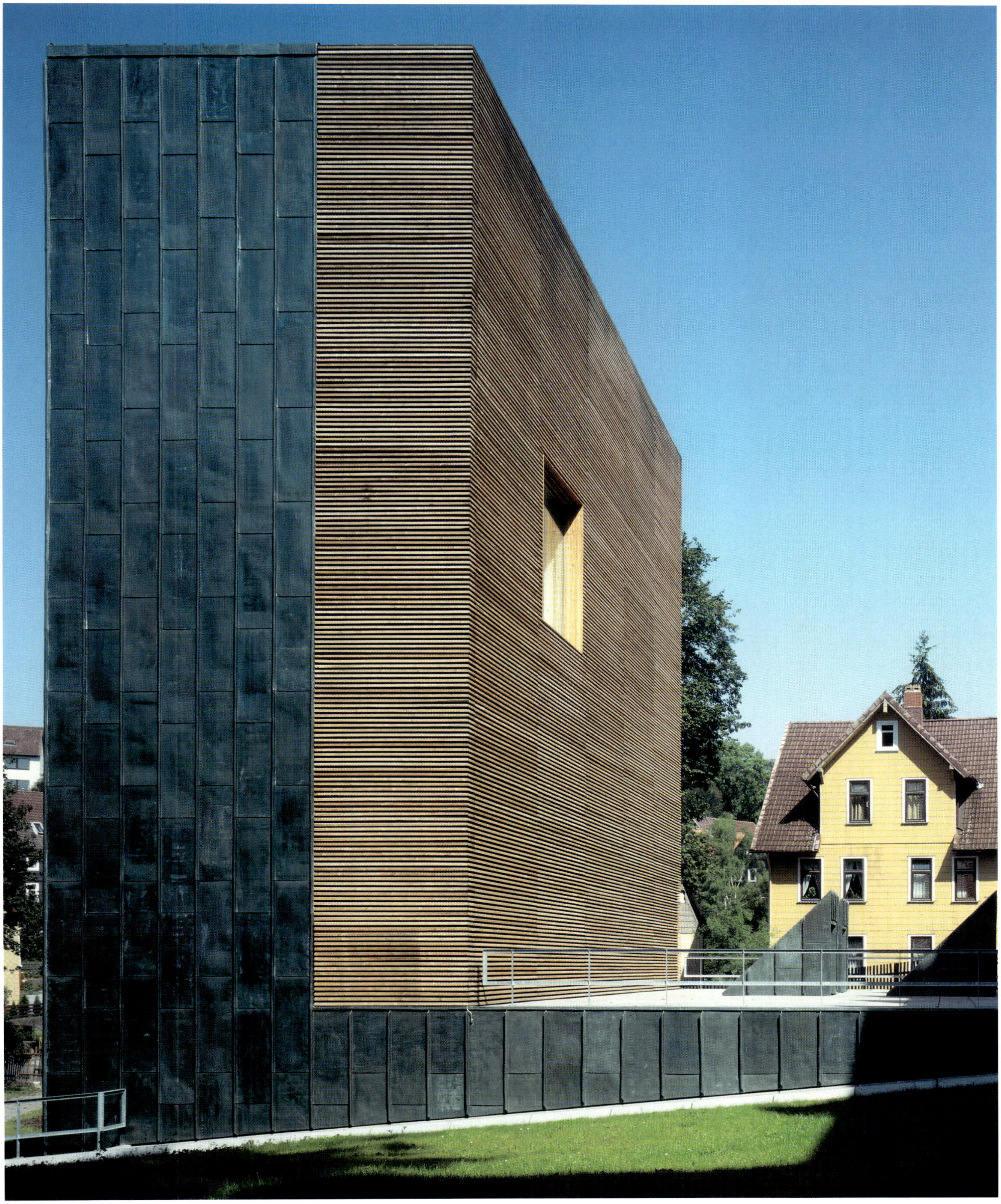

Hotel des European Southern Observatory in der chilenischen Wüste

Auer + Weber Architekten, München, Deutschland

Einige Baudaten:

Projektarchitekten: Philipp Auer, Robert Giessl, Michael Krüger, Charles Martin, Dominik Schenkirz

Mitarbeiter: Robert Reith, Wolfgang Hermann

Tragwerksplaner: Mayr + Ludescher, München

Entstehungszeit: 1998–2001

Ort: Cerro Paranal, Chile

Fassaden: Mit Eisenoxidpigmenten eingefärbter Sichtbeton

Für die Gewinner des Wettbewerbs für den Bau des Hotels der Europäischen Südsternwarte galt es eine Aufgabe mit schwierigen Bedingungen zu lösen. Der Bauherr wollte seinen Wissenschaftlern, die unter dem klaren Himmel der chilenischen Atacama-Wüste arbeiten, eine möglichst gute Unterbringung garantieren. Der Entwurf der Architekten sah zum einen vor, das Gebäude wie einen Damm in eine Talsohle einzugraben, und zum anderen, mittels großer glasüberdeckter Innenhöfe klimatische Puffer- und Erholungszonen abzuschotten. Die Lage in etwa 2300 Metern Höhe über dem Meeresspiegel bedeutet extreme Temperaturunterschiede zwischen Tag und Nacht bei einer geringen Luftfeuchtigkeit. Zudem liegt der Cerro Paranal auf einer seismisch sehr instabilen tektonischen Platte, die durch häufige Erdbeben gekennzeichnet ist. Eine gewisse Unsicherheit bot auch die Zusammenarbeit mit einem ortsansässigen Generalunternehmer, wenn man die divergierenden Standards berücksichtigt. Ebenso schwer wog die Festlegung des Bauherrn, dass ein eng fixierter Kostenrahmen unbedingt einzuhalten war. Die Architekten einigten sich mit ihm auf den Standard eines »veredelten« Rohbaus, um Kostenverschiebungen, die sich unter den ungünstigen Voraussetzungen bei einem komplizierten Ausbau ergeben hätten, auszuschließen. Das Hauptgerüst bildet ein mit mehreren Bewegungsfugen versehener Betonbau in Schottenbauweise. Der Ortbeton wurde mit Eisenoxidpigmenten eingefärbt, zum einen um das Gebäude farblich in die Landschaft einzubinden und zum anderen um die empfindlichen Betonoberflächen optimal gegen thermische Abplatzungen durch Sonneneinstrahlung und Wind zu feien. Das Gebäude wird über Rampen von der hangaufwärts liegenden Straßenkehre erschlossen. Von einer tropisch anmuten-

Totalansicht des viergeschossigen Gebäudes. Im Hintergrund ist das Observatorium am Gipfel sichtbar.

den Fülle von Pflanzen werden ankommende Besucher unter einer Glaskuppel mit 35 Metern Durchmesser empfangen; sie bildet das Herz des Hotels. Über die Galerie und eine weitere Rampe kann man auf der untersten Ebene ein Schwimmbad erreichen. Angegliedert an die Halle finden sich in der Eingangsebene die Serviceeinrichtungen mit Speisesaal, Loggia und Küche. Die Hotelräume, die aufgereiht in vier Ebenen übereinander liegen und ausschließlich auf das weite Tal orientiert sind, werden über lange Rampen erschlossen. Ein zweiter in den Hang gegrabener Innenhof dient ebenfalls als klimatische Pufferzone. Wegen des niedrigen Budgets, das für den Bau zur Verfügung stand, wurde auf eine mechanische Lüftung verzichtet. Trotz der bescheidenen Mittel, mit denen dieser Bau errichtet wurde, ist zu erwarten, dass das Experiment auch noch nach Jahren Bestand haben wird, denn hier wurde vorbildlich nachhaltig geplant.

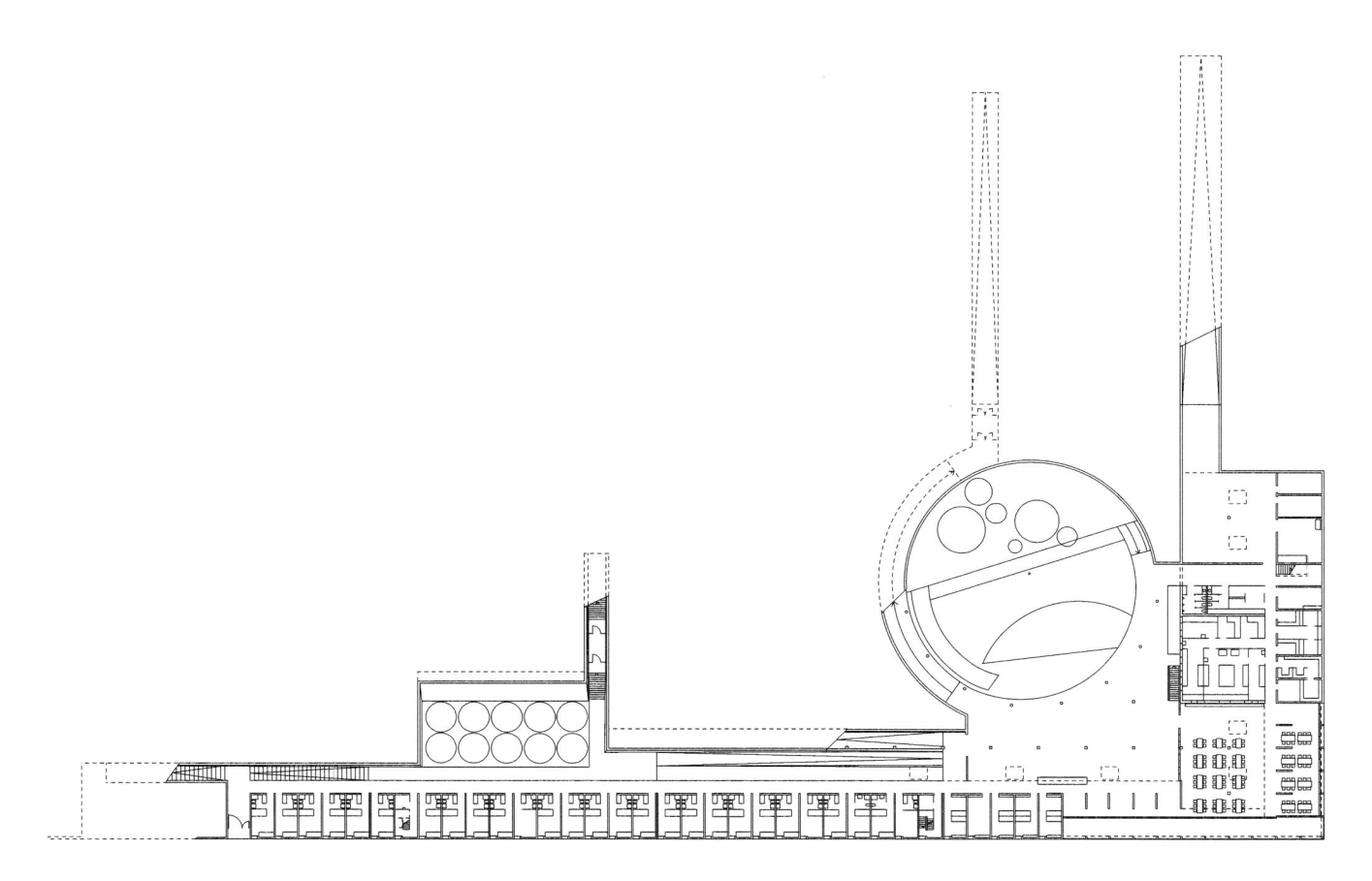

Grundriss der Ebene 2, links Hotelzimmer mit begrüntem Hof, rechts Versorgungsbereich mit zentraler Rundhalle

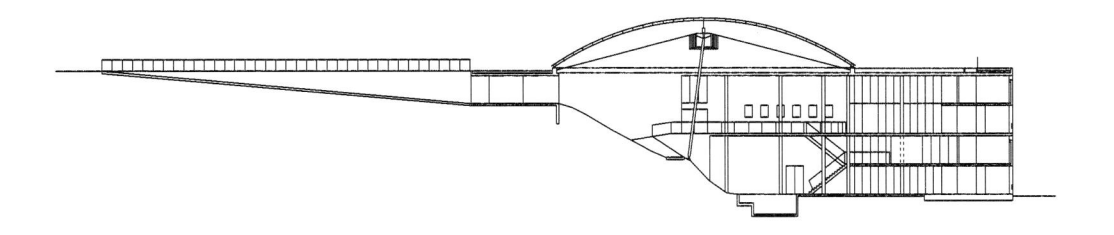

Schnitt durch das Gebäude mit zentraler Halle

Detailansicht des mit Ferroxid eingefärbten Ortbetons.

Enfilade der Rampen zu den einzelnen Hotelebenen. Auch innen wurde Wert auf eine veredelte Behandlung des Rohbaus gelegt.

Blick in den kleinen begrünten Innenhof, der sich nachts abdunkeln lässt, um die nächtliche Arbeit an den Teleskopen nicht zu beeinträchtigen.

Zurückhaltendes Gemeindehaus

RCR arquitectos, Olot (Girona), Spanien

Einige Baudaten

Projektteam: Rafael Aranda, Carmen Pigem, Ramon Vilalta

Mitarbeiter: A. Saez

Tragwerk: A. Blazquez/LL. Guanter

Entstehungszeit: 1999

Ort: Riudaura, Spanien

Fassade: Voroxidierte und lackierte Stahlplatten und durchgefärbter Beton

Nur 800 Einwohner zählt das an den Ausläufern der Pyrenäen gelegene Örtchen Riudaura; inmitten landwirtschaftlich genutzter Felder beherrscht es ein kleines Tal. Wie in so vielen anderen kleinen Orten mangelte es auch hier an einem sozialen Treffpunkt. Eine kleine Dorfschule, ein Bürgermeisteramt und eine Kirche waren die einzigen öffentlichen Gebäude. Den Platz für ein neues Freizeit- und Kulturzentrum fand man am Dorfrand etwas unterhalb der Kirche. Die mit dem Entwurf beauftragten Architekten beschreiben ihr Thema so: »Sehen und gesehen werden ... Es gibt das Dorf und den freien Platz. Das Kind kommt zum Spielen, der Großvater, um die Zeit passieren zu lassen. Ein Fest soll gefeiert werden, eine Ausstellung will gezeigt werden. Die Bürger kommen heim und der Besucher nimmt teil.« Das niedrige Gebäude schiebt sich in einer langen Flucht aus der Hangkante und bildet so wie selbstverständlich einen Vorplatz, der für Feste genutzt werden kann. Zusätzlich laden ein paar Steinbänke zum Sitzen ein. Mit der Betonung der Horizontalen ordnet sich das Gebäude der dominanten Vertikale des Kirchenturms unter und respektiert die geschätzte Silhouette des Dorfes. Doch sollte die Materialität des Baus eine durchaus zeitgemäße Sprache sprechen. Dunkel patinierte Stahlbleche fassen das Gebäude wie ein breites Tor. Unter dem auskragenden Dachschirm bleibt ein Durchgang für Fußgänger, die vom Dorf kommen, frei, während rechts auch Fahrzeuge auf den unterhalb des Dorfzentrums liegenden Versammlungsplatz gelangen können. Die Räume des Sozialzentrums verbergen sich hinter Mattglasfassaden. Lediglich große Türflügel aus Stahl weisen auf die Eingänge hin. Innen breitet sich ein offen fließender Raum aus, der sich zum Tal hin, anders als an der Frontseite, mit transparenten Klarglasflächen öffnet. Am Ende des breit gelagerten Raums, dessen Boden hell, dessen Decke aber dunkel gehalten ist, kennzeichnen Einbauten wie Bar, Informationstheke oder Toiletten die Nutzungsschwerpunkte. Zentral vertieft sich der Raum zu einer Bühne, dessen Rückwand ein breites Panoramafenster mit Blick auf das weite Tal bildet. Um die Gebäudetiefe aufzuhellen, streuen an der Decke fixierte Mattglasscheiben das Licht aus einem Oberlichtgaden über eine Reihe von Sitzbänken aus poliertem Kalkstein. Außen, auf der dem Dorf abgewandten Seite, fasst eine rau geschalte Betonwand, die zudem mit Basaltzuschlägen schwarz eingefärbt ist, den Hang. Über deren Kante kragt der Bühnenbaukörper in Form einer schwarzen Röhre aus. Das erdige Dunkel der Farbpalette passt sich den abbröckelnden Putzoberflächen der alten Häuser und der Kirche an. Kommende Patina soll das Gebäude mit dem Hang verschmelzen und zu einem Teil der Landschaft machen.

Blick vom Durchgang auf den auskragenden Bühnenkörper. Hinter der Traufkante lugt der alte Kirchturm des Dorfes hervor.

Blick auf das Freizeitzentrum vom Tal aus. Das Gebäude duckt sich in die Topographie. Die erdig vorpatinierten Oberflächen der Betonstützmauer und der Blechverkleidung sollen bewirken, dass die massive Erscheinung mit der Natur verwachsen kann.

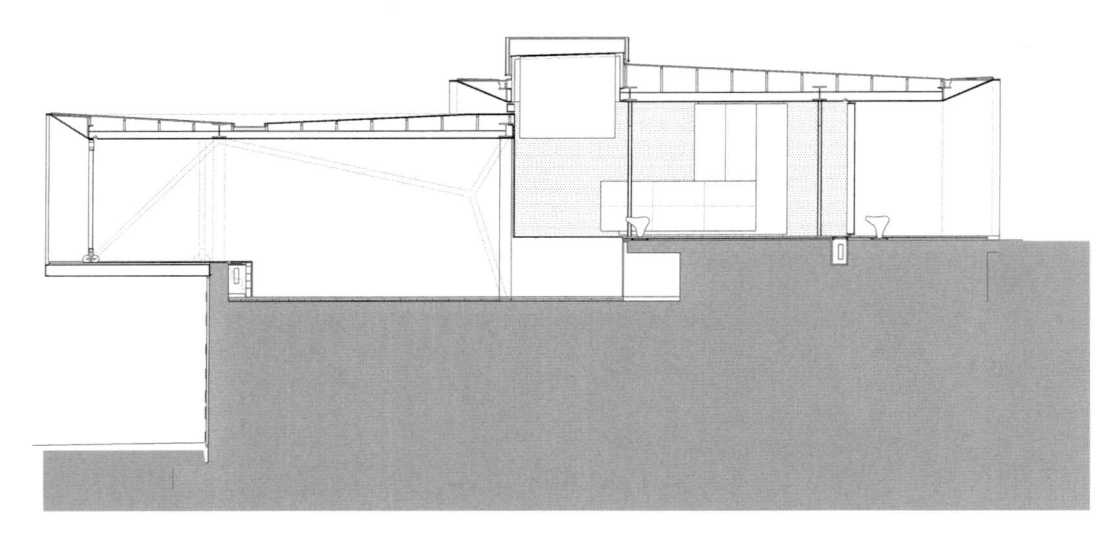

Querschnitt durch den Baukörper: links die Bühne mit der abgesenkten Tanzfläche davor, rechts die obere Ebene mit Ausgang auf den Vorplatz.

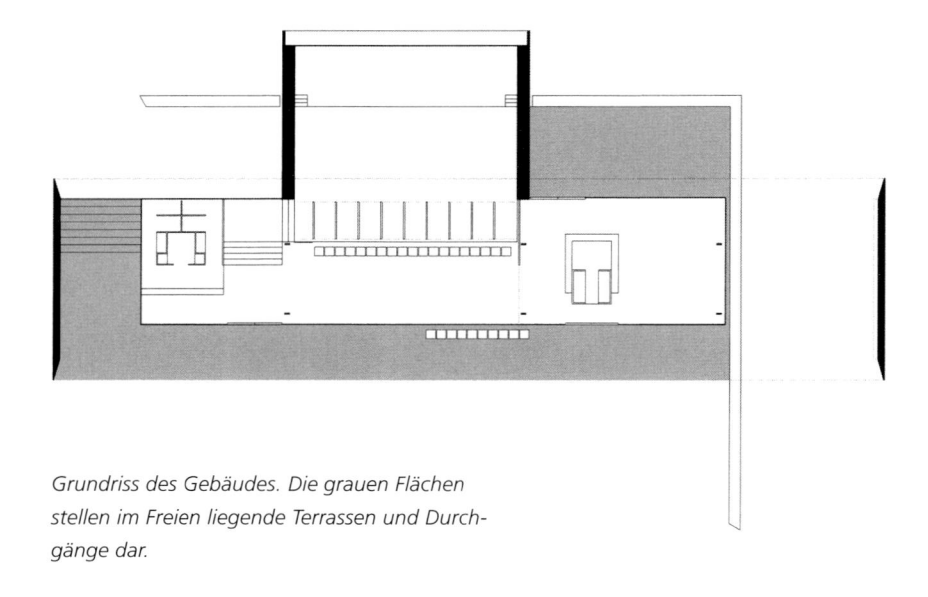

Grundriss des Gebäudes. Die grauen Flächen stellen im Freien liegende Terrassen und Durchgänge dar.

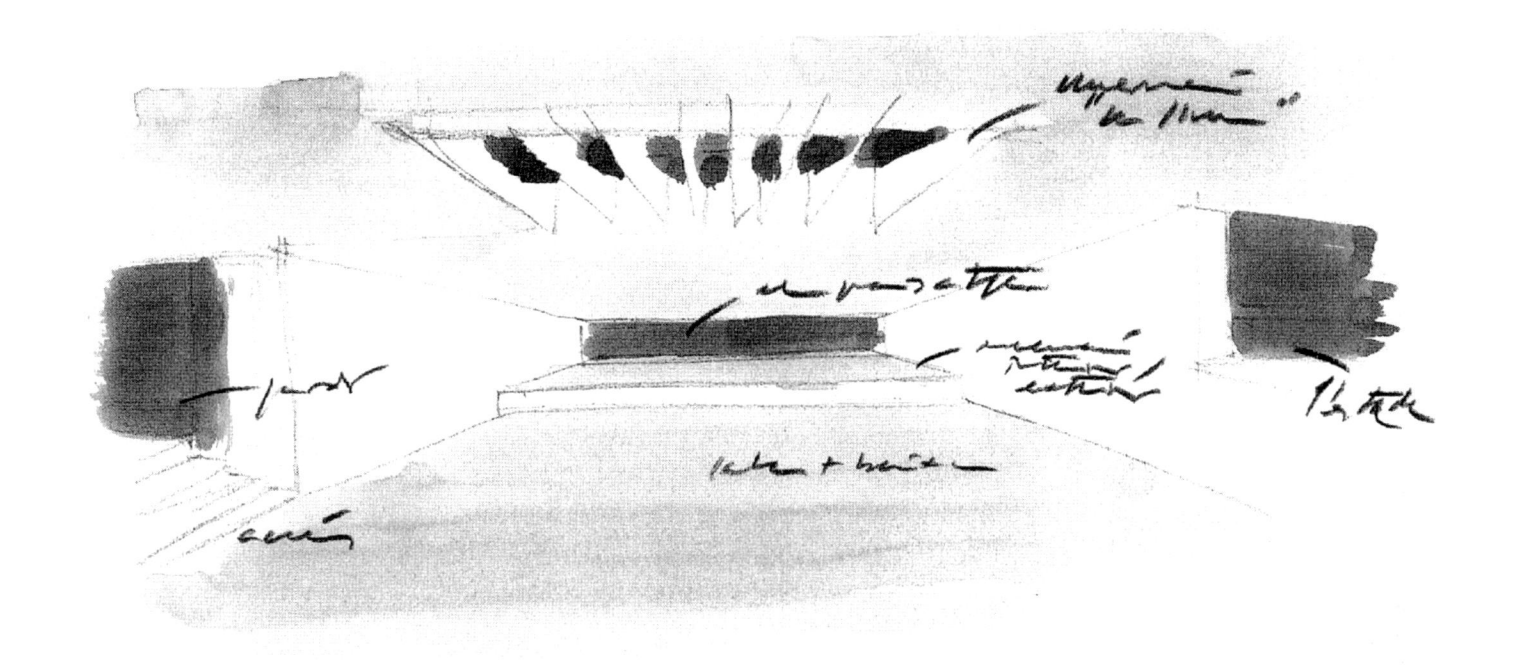

Entwurfsskizze der Architekten

Die Bühne weitet sich durch ein breites Panoramafenster mit Blick auf das Tal. Im Vordergrund warten die Steinbänke aus poliertem Kalkstein, von den Architekten »lola« genannt, auf die ersten Besucher. Darüber filtern mattierte Glaspaneele das Tageslicht, das durch ein Oberlicht dringt.

Schwarzer Kubus als Gemeindezentrum

Herrmann & Valentiny Architekten, Remerschen, Luxemburg

Einige Baudaten

Mitarbeiter: Axel Christmann, Sergio Soto, G. G. Kirchner

Entstehungszeit: 1996–2000

Ort: Bech-Kleinmacher, Luxemburg

Fassade: Zum Teil nachbearbeiteter Beton mit Basalt-Zuschlägen

Im Zeichen europäischer Zusammenarbeit führen die beiden Architekten Hubert Herrmann und François Valentiny, die sich während des Studiums in Wien kennen gelernt haben, zwei Büros mit gemeinsamer Architektursprache: in Wien und Luxemburg. Wie das Haus in Klosterneuburg (siehe S. 74) steht auch das Gemeindezentrum in Bech-Kleinmacher unter dem Primat des Baustoffs Beton.

Die Platzgestaltung um das Zentrum des Dorfes, bestehend aus Kirche und zwei symmetrisch angeordneten Bauten, sollte neu geordnet und zugleich das Gemeindezentrum im ehemaligen Pfarrhaus um einen Sitzungssaal ergänzt werden. Den leicht erhaben auf einem Sockel stehenden axialsymmetrischen Kubus des Hauptgebäudes bestimmen beigefarbener Putz und ein schiefergedecktes Walmdach. Zum plastisch vorgewölbten Rundbogen-Portal steigt eine Pyramidentreppe an. Schwarze Schieferdächer und Bruchsteinmauerwerk prägen Luxemburgs Bauten, so auch das Kirchengebäude, das Zentrum des Hauptplatzes. Der neue lang-rechteckige Baukörper greift etwas aus der Flucht des Hauptbaus vor und bildet gleichsam die linke Rahmung des Platzes. Die Längsfassade des Anbaus spiegelt sich in einem neu angelegten hufeisenförmigen Teich. Dieser liegt inmitten einer von Bäumen umstandenen Grünanlage, die das Dorfzentrum an seinem südlichen Ende abschließt, weiter östlich, hangaufwärts liegt der Dorffriedhof, hinter einer schwarzen Mauer aus porösem Basalt-Tuff, der in der ehemals vulkanischen

Grundriss des Gemeindezentrums im städtebaulichen Kontext. Der Anbau an das Gemeindezentrum befindet sich ganz oben.

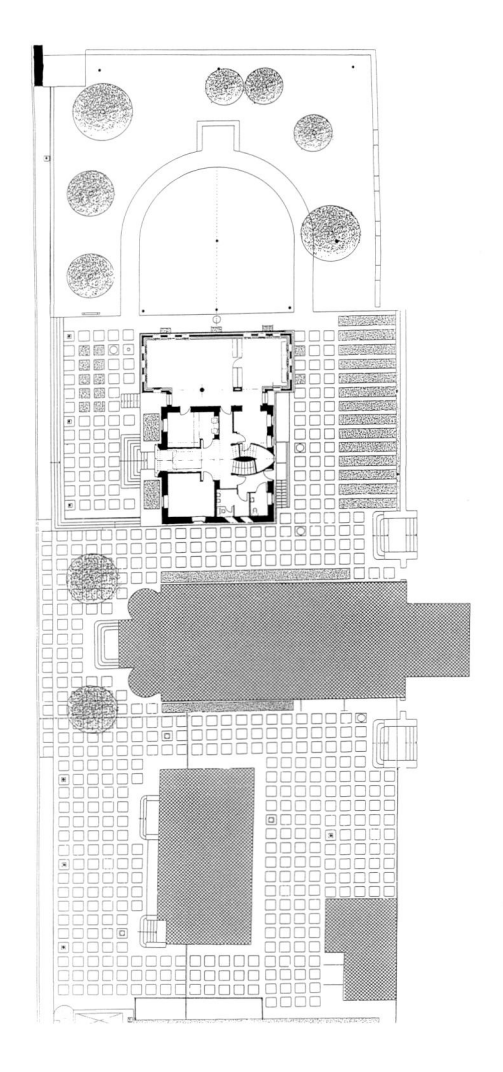

Gegend überall ansteht. Schwarzer Basalt als Zuschlagsstoff findet sich auch in der Betonrezeptur für die Außenwände des Anbaus. Wie schon an mehreren Gebäuden erprobt, versuchten die Architekten die Struktur und Möglichkeiten des Betons in seiner plastischen Verformbarkeit auszureizen. Beton ist ein williger Baustoff, der weich in das Negativ einer Schalungsform gegossen wird und dann meist nicht mehr weiter bearbeitet wird. Dabei können Betonoberflächen, sofern auf eine ausreichende Überdeckung des im Material eingeschlossenen Bewehrungsstahls geachtet wird, genauso bossiert, scharriert und gestockt werden wie Natursteinflächen. Zunächst wurde für dieses Gebäude die in zwei Ebenen angelegte Schalung gefertigt; aus Lücken zwischen den in der Schalung aufgenagelten Brettern ergaben sich nach dem Ausschalen vorspringende Erhebungen. Die glatten, etwa fünf Zentimeter breiten Reliefstreifen wurden anschließend von Hand abgeschlagen. Während eine eng geriffelte Struktur den Sockel des Gebäudes betont, zeigen die beiden Obergeschosse eine die Flächigkeit betonende Glätte mit nur wenigen Reliefbändern. Die teils glitzernde dunkle Oberfläche hält den Angriffen der Witterung und den Umwelteinflüssen bestens Stand und wird in Würde altern können.

Der Sitzungssaal im Obergeschoss erstreckt sich über die gesamte Länge des Anbaus; wesentliches Gestaltungselement ist die durchhängende Decke, die die Senkrechte der Wände optisch verzerrt.

Nach ein paar Jahren hat Efeu die Längsfassade bereits erobert. Der Seerosenteich bildet das Herz der grünen Ortsmitte.

Blick vom Friedhof auf den dunklen Baukörper. Hinter der Holzfassade zeichnet sich der Sitzungssaal ab.

Betonanbau an eine Kunstsammlervilla

Annette Gigon/Mike Guyer
Architekten, Zürich, Schweiz

Einige Baudaten

Mitarbeiter: Peter Steiner, Andreas Sonderegger

Gartenarchitekten: Kienast, Vogt und Partner, Zürich

Tragwerk: Dr. Deuring + Oehninger AG

Entstehungszeit: 1993–1998

Ort: Winterthur, Schweiz

Fassade: Zweischalige Betonkonstruktion mit eingefärbtem Beton und Kerndämmung

Wie viele Privatsammlungen ist auch die Kunstsammlung des Schweizers Oskar Reinhart in einer großzügigen Villa aus der Gründerzeit untergebracht. Das weitläufige Haus am Römerholz in Winterthur ist um 1915 im Stil der französischen Renaissance errichtet und schon zehn Jahre später um einen zusätzlichen Bau erweitert worden. Gegen Ende des 20. Jahrhunderts war die zwischenzeitlich geänderte räumliche Abfolge ohne kontinuierlichen Rundgang und ohne funktionierendes Beleuchtungskonzept der umfangreichen Sammlung und den Anforderungen an eine Museumspräsentation nicht mehr gewachsen. Den 1993 ausgeschriebenen Wettbewerb für die Umgestaltung und Neuordnung der Galerien gewannen die damals nur einem kleinen Kreis bekannten Architekten Gigon & Guyer. Ihr Entwurf bestand darin, die alte Raumfolge im ehemaligen Anbau wieder herzustellen und drei zusätzliche Räume als Verbindungsbau zum Wohnhaus zu schaffen. Im Gegensatz zu den reich dekorierten und befensterten Fassaden des Bestands wurden die neuen Außenwände komplett geschlossen, da gleichmäßiges Licht in Museen immer von oben kommt: begehbare Oberlichtgaden sitzen über den Ausstellungsräumen. Semitransparente Gläser unter der Decke streuen das einfallende Tageslicht. Dieses altbewährte System wurde im Alt- und Neubau gleichermaßen angewendet. Diffiziler war die Gestaltung der Außenfassaden. Um der Massivität der alten Lochfassaden zu begegnen, wurden die Wände aus dem Material hergestellt, das sowohl unserer Zeit entspricht als auch die Anmutung von Schwere hat: Beton. Als Antwort auf die Vor- und Rücksprünge der Villa staffeln sich auch die Betonflächen vertikal und horizontal, wobei sich der Baukörper insgesamt nach oben verjüngt. Um die reduzierte Plastizität des Konzepts auch optimal umzusetzen, mussten die Fügungen der Materialien ausgedünnt werden. In Anlehnung an die Verblechungen des Altbaus wurden die Flachdächer ebenfalls mit Kupferbahnen eingedeckt, wobei die gekröpften Tropfkanten an den Traufen aufs Äußerste minimiert wurden. Um die Ästhetik der bewitterten Altbauwände aufzugreifen, wurden dem Beton gebrochener Jurakalk und Kupferspäne beigemischt. Damit wurde eine verfrühte Patinierung bewusst einkalkuliert. Unter Einwirkung sauren Regenwassers sollen Kalksinterungen und Grünspan aus dem Beton ausgewaschen werden. Die Zeitspanne, die üblicherweise für die optische Angleichung von Alt- und Neubau angesetzt werden muss, ließ sich dadurch wesentlich verringern.

Ansicht des Gesamtgebäudes. Mittig ist der Neubau angeordnet.

Grundriss der Gesamtanlage

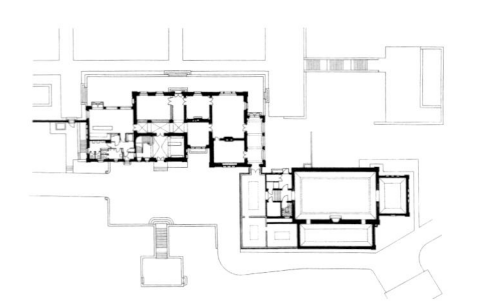

Querschnitt durch den Anbau mit den Oberlicht-Aufbauten

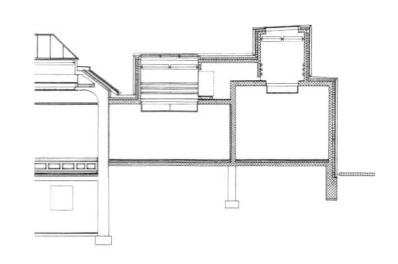

Blick auf den neuen Zubau; links angeschnitten ist die ursprüngliche Villa zu sehen.

Die sich hir tereinander abstufenden Betonflächen beginnen sich bereits mit Grünspan zu überziehen.

Die neuen Ausstellungsräume wurden der Ästhetik des Bestands angeglichen.

Gigon und Guyer

Bahnarchitektur in Serie

Morger & Degelo Architekten, Basel, Schweiz

Alt und Neu nebeneinander: Es wäre unangebrachte Nostalgie, so zu tun, als ob neueste Technik noch in der alten Hülle Platz finden könnte.

Bahnhöfe haben eine eigene Farbpalette. Die unscheinbaren Gebäude der Betriebstechnik ordnen sich der von technischer Pragmatik geprägten Formsprache unter.

Einige Baudaten

Mitarbeiter: Matthias Kleiber, Andreas Derrer

Haustechnik: Waldhauser, Münchenstein, Schweiz

Entstehungszeit: 1995–2001

Ort: 58 Gebäude in der ganzen Schweiz

Fassaden: Hartbrand-Klinker als wärmegedämmte Vorsatzschale

Die Bahnwärter früherer Zeiten legten Hebel um und gingen auf Kontrollgang, um zu prüfen, ob alle Weichen noch funktionierten, die Lampen der Warnleuchten nicht defekt waren. Im Winter waren die Gleise vereist, im Sommer dehnten sie sich aus. Es war alles andere als ein ruhiger, beschaulicher Beruf, wenn man sich vor Augen führt, welche Verantwortung auf dem Stellwerker lastete. Heute sind Bahnverbindungen mit schnelleren Zügen und hohen Taktfrequenzen nur möglich unter Einsatz elektronischer Stellwerke. Die Schweizer Bundesbahn schrieb einen Wettbewerb aus für die Planung von normierten Gebäuden für Bahntechnik, abgekürzt NGB, mit architektonischem und ökologischem Anspruch in mehr als fünfzig Orten der Schweiz. Die beiden Basler Architekten Meinrad Morger und Heinrich Degelo erhielten den Auftrag für die Umsetzung ihres einfachen und pragmatischen Entwurfs. Vorgefertigte Module können wie überdimensionale Bauklötze zu verschieden großen Gebäuden zusammengesetzt werden. Die Abwärme der Transformatoren, die vor allem im Sommer zu hohem Aufwand an Kühltechnik und deren Wartung geführt hätte, wird über die träg reagierende Masse der Bauteile aufgefangen. Sechzig Zentimeter dicke Beton-Hohlblöcke können mit Blähton oder Sand befüllt werden. Das Dach besteht aus 1,20-Meter-Beton-Hohltrögen, die den Baustellenaushub und restliche Erde aufnehmen. Später werden die Dächer mit Gras bewachsen sein und dann über dünne Wasserspeier entwässert; Temperaturschwankungen können so optimal ausgeglichen werden. Um der aggressiven Patina, die insbesondere durch den Bremsabrieb und Ruß der Lokomotiven entsteht, sozusagen auf halber Strecke entgegen zu kommen, wurde der glatte Beton schwarzgrau eingefärbt. Er soll, wie die Architekten betonen, etwas Geheimnisvolles ausstrahlen. Die massive Monumentalität überspielen dreiseitig geschlossene Dachlaternen aus Beton, die wie beim einem U-Boot als Belichtungs- und Abluftöffnungen über den Dachhorizont ragen. Die dunklen Gebäude werden in ihrer ohnehin sehr heterogenen Umgebung irgendwann optisch ganz in den Hintergrund treten, wenn sie von Moos und Efeu überwachsen sind und eher wie Felsbrocken aussehen.

Schnittdetail

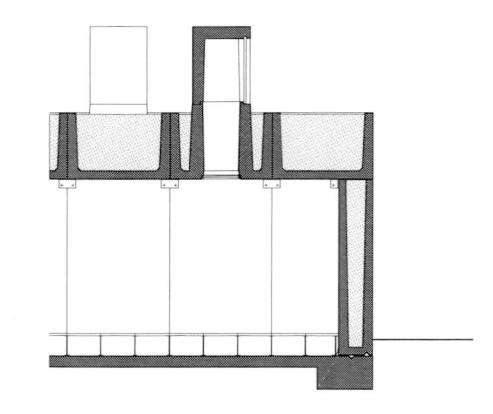

Grundriss eines bereits fertig gestellten Gebäudes in Schaffhausen

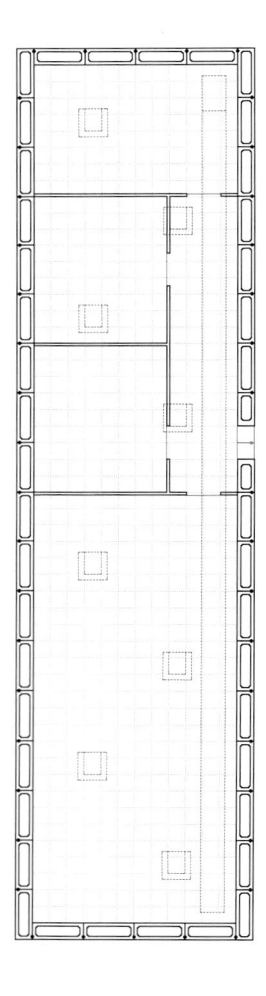

Morger & Degelo 73

Zwei Materialien – ein Haus

**Herrmann & Valentiny Architekten,
Wien, Österreich**

Einige Baudaten
Mitarbeiter: Marijana Popovic, Mario Hein
Tragwerk: Wilfried Braumüller, Wien
Entstehungszeit: 1995–1997
Ort: Klosterneuburg, Österreich
Fassade: Wasserundurchlässiger Beton und Holzrahmen mit Lärchenholzlamellen, Giebelverkleidung aus Seekieferplatten

Steildächer wecken eine Klischeevorstellung, wie sie sich in Millionen Kinderzeichnungen ausdrückt: Ein rotes Ziegeldach sollten sie haben, und ein rauchender Schlot sollte auch nicht fehlen. Nichts davon findet sich an diesem Haus, es nimmt sich aus wie eine Persiflage auf seine betuliche Umgebung, die sich durch ebensolche Dächer auszeichnet. Hangseitig knickt eine Betonscheibe aus der Waagrechten im Winkel von 60 Grad nach oben und bildet thematisch das Rückgrat des Hauses. Wie die Stützmauer an der Grundstücksgrenze

Grundriss des Eingangsgeschosses, M 1:200

stemmt sich das Haus gegen den Hang, so dass Einblicke von oben nicht möglich sind. Statisch, jedoch außen nicht ablesbar, wird die schräge Dachscheibe von senkrecht zu ihr stehenden Wandschotten aus Sichtbeton getragen. Die wasserundurchlässige Dachplatte ist an der Innenseite durch eine wärmegedämmte und hinterlüftete Holzkonstruktion aus Birkensperrholzplatten verkleidet. Während die Ostseite des Dachs komplett geschlossen ist, ist die westliche Seite komplett verglast. Als Beschattung liegt vor der schrägen Verglasung ein Lamellenschirm aus Lärchenlatten. Die Fassade knickt unter den Lamellen ab und lässt eine Terrasse offen. Um an weniger hellen Tagen möglichst viel Licht einzulassen, können die Lamellenrahmen oberhalb der Terrasse ausgeschwenkt werden. Ebenso mit Latten ausgefacht ist die durchgehende Brüstung der Terrasse. Die beiden Stirnseiten der Giebel sind mit Seekieferplatten, die sichtbar verschraubt sind, eingehüllt. Lediglich ein paar kleine Fenster durchbrechen die flächige Geschlossenheit der Fassaden. Hier zeigen sich schon die ersten Patinaspuren, wie es von Architekten und Bauherren einkalkuliert wurde. Das Grundrisskonzept des Hauses ist einfach und folgt dem konstruktiven Gerüst. Aufgrund der steilen Hanglage betritt man das Haus im mittleren Geschoss und folgt einem langen Fensterband unter dem Betondach. Hier liegt auch die einläufige Treppe in das Erdgeschoss, dessen Ostwand bereits in den Hang eingegraben ist. Im mittleren Eingangsgeschoss liegen folgerichtig auch Küche, Ess- und Wohnraum als ununterbrochenes Kontinuum, das sich über die gesamte Hauslänge erstreckt und die Terrasse einbezieht. Während den Spitzboden darüber eine durchgehende Arbeitsgalerie einnimmt, befinden sich die Schlafräume im Erdgeschoss. Die drei Privaträume haben jeweils einen eigenen Ausgang zum Garten. Was außen so provokant unsere Vorstellungen vom Satteldach verunsichert, entpuppt sich innen als qualitativ hochwertiges Wohnkonzept. Den Mut zum Risiko haben die Bauherren sicher nicht bereut.

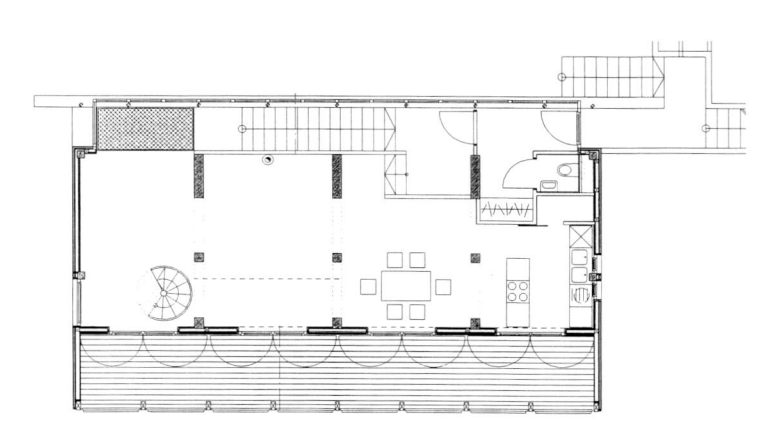

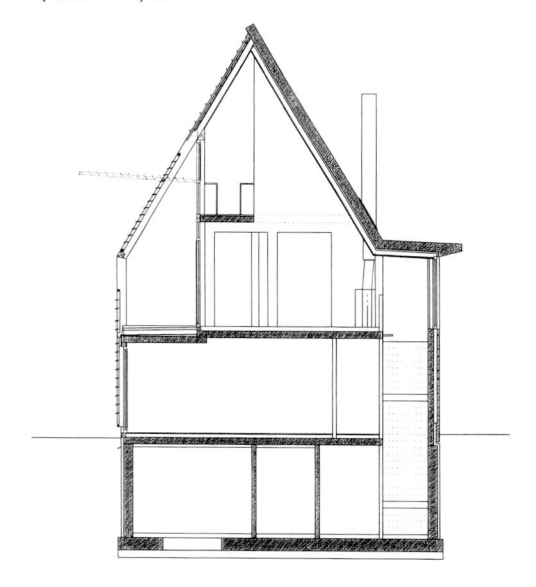

Querschnitt, M 1:200

Ungewöhnlich ist das Dach aus Beton, es erfüllt jedoch alle Funktionen. Mit der Zeit wird die Dachfläche wie die Seekieferplatten der Giebel Patina annehmen.

Die westliche Schräge ist im Unterschied zur Ostseite komplett verglast. Eine Holzkonstruktion aus zum Teil beweglichen Lamellenrahmen schützt vor Sonneneinstrahlung im Hochsommer.

Die sichtbaren Betonschotten im Wohnzimmer bekommen bereits die ersten Patinaspuren, da sie nicht imprägniert wurden.

Die Galerie im Spitzboden wird als Rückzugsort zum Arbeiten genutzt.

Friedhof in der Schotterebene

Meck Architekten, München, Deutschland

Einige Baudaten

Projektteam: Andreas Meck, Stefan Köppel, Werner Schad

Landschaftsarchitekten: Axel Lohrer und Ursula Hochrain, Waldkraiburg, Deutschland

Entstehungszeit: 1999–2000

Ort: München-Riem, Deutschland

Fassaden: Gneis-Bruchstein und Beton, Innenverkleidungen Eichenholz

Als der alte Münchner Flughafen in Riem aufgelassen wurde, blieb eine karge Steppe inmitten von Vororten zurück. Sie bot über 500 Hektar Spielraum für eine Messestadt mit Ausstellungshallen, Parkhäusern, Büros und Wohnbauten. Der Masterplan sah eine hohe Verdichtung der einzelnen Baukomplexe vor sowie eine geringe Versiegelung der frei bleibenden Restfläche, die zu einem Landschaftspark umgewandelt werden sollte. Geprägt von der Ruderal-Flora auf den eiszeitlichen Schotterböden, sollte die Erweiterung des alten Friedhofs im Schatten von hohen Bäumen die Weite des Neulands sichtbar machen. Jenseits einer Hauptstraße, die den westlichen Rand des Parks durchschneidet, sollte die neue Aussegnungshalle als Auftakt zu drei neuen Gräberfeldern ein Tor und gleichsam das Gegenüber der hohen Baumwipfel bilden. Der umfriedete Bezirk der Halle korrespondiert mit den mannshohen Wällen, die die im Hinblick auf den hohen Grundwasserstand etwas aufgeschütteten Gräberfelder vor Einsicht und Windböen schützen. Bis die Grasnarben auf den Wällen eingewachsen und die gelben Königskerzen den neu gepflanzten Baumzeilen auf den nährstoffarmen Kiesböden gewichen sind, wird noch viel Zeit vergehen. Das Thema des Friedhofs und der Aussegnungshalle konnte daher nur ein Werkstoff versinnbildlichen, der der Zeit zu trotzen vermag: Stein. Die Architekten wählten einen eisenhaltigen Gneis, aus dem die Niederschläge immer mehr Rostanteile lösen. Die grob gehauenen Steine wurden zu Trockenmauern im Bruchsteinverband aufeinander geschichtet. Die Plastizität der von Gelbocker ins Braunrötliche changierenden Steinmauern knüpft an profane Stützmauern in Weinbergen an. Auch die bruchrauen Bodenplatten im Geviert der Aussegnungshalle sind aus demselben Material. Es ist die bäurische Direktheit, die unprätentiöse Kraft des groben und langsam patinierenden Werkstoffs, die dem plastisch heterogenen Komplex Halt gibt. Wenn der Besucher niedrige, drehbare Schwingtore aus Cortenstahl durchschritten hat, findet er sich in einem breiten Hof unter einem weit ausladenden Betondach. Die Trauergäste werden durch ein überdimensionales Betonportal geleitet; die Gneis-Bruchsteine reichen hier bis über Kopfhöhe, darüber bildet der glatt geschalte Beton ein markantes Signet der Aussegnungshalle. Lang gestreckte Überzüge und Trogbalken betonen die Horizontale und gehen konform mit der flachen Gesamtform, die drei Höfe birgt. Wie eingekerbt in die Natursteinmauern liegt hinter großen Glasflächen der Andachtsraum, dessen Decke und obere Wandflächen mit Eichenholz verkleidet sind. Eine kleine Wasserfläche auf Bodenniveau unterstreicht die klösterliche Introvertiertheit des Raums. Der Ausblick aus dem »heiligen Bezirk« ist verwehrt. Umgekehrt können größere Trauergesellschaften auch unter dem Dach im Hof stehen und mittelbar am Geschehen hinter den Glasscheiben teilnehmen.

Grundriss im Zentrum der Eingangshof, links und rechts Wirtschaftshöfe

Längsschnitt

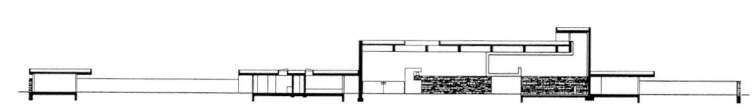

Der zentrale Hof der Aussegnungshalle wird von einem torartigen Beton-Baldachin überspannt.

Über Drehtore aus Cortenstahl erreicht der Besucher den von halbhohen Bruchsteinmauern umwehrten Hof. Die weit aus¹adende Geste des Betonportals ist Schutz und Auftakt zugleich.

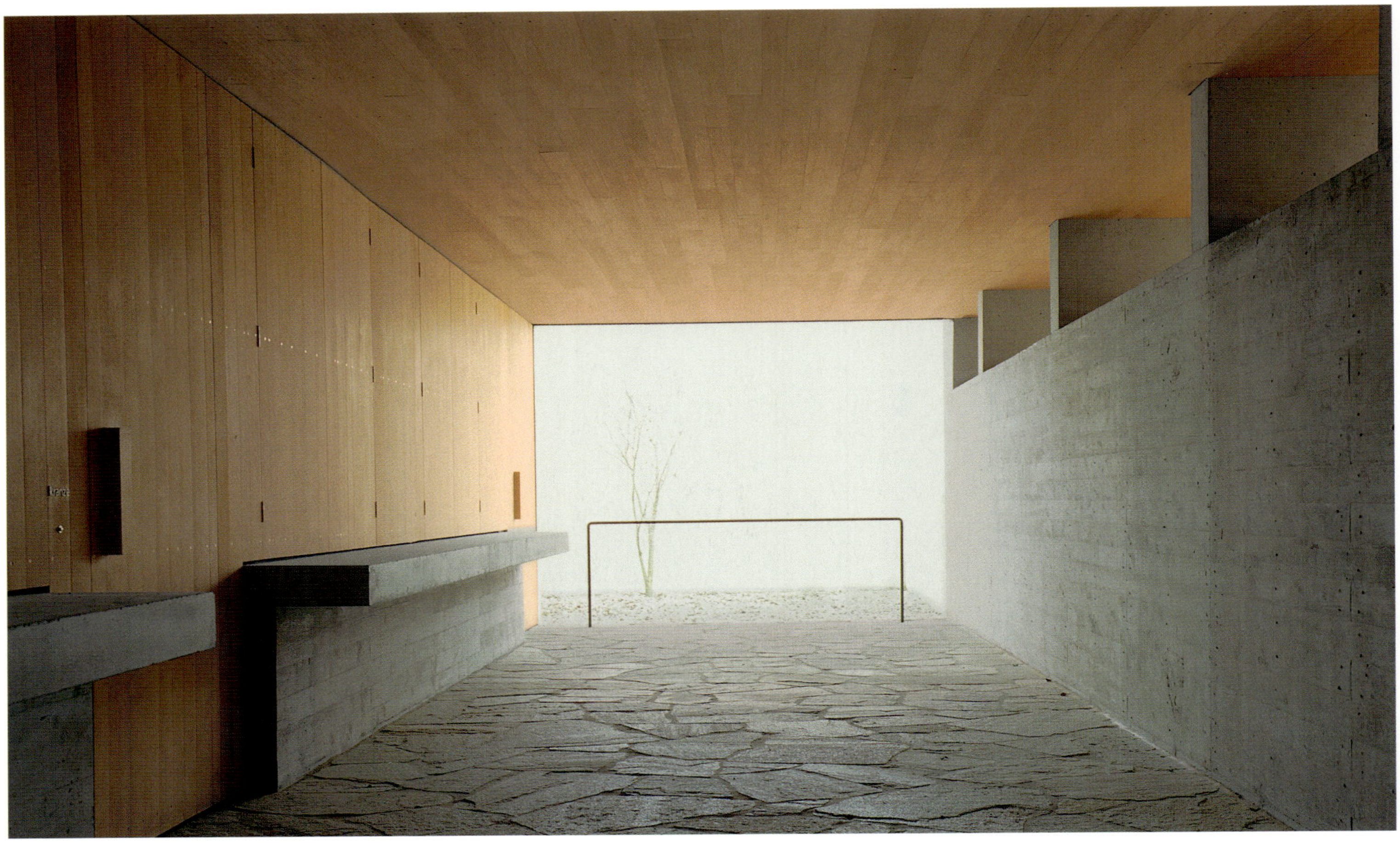

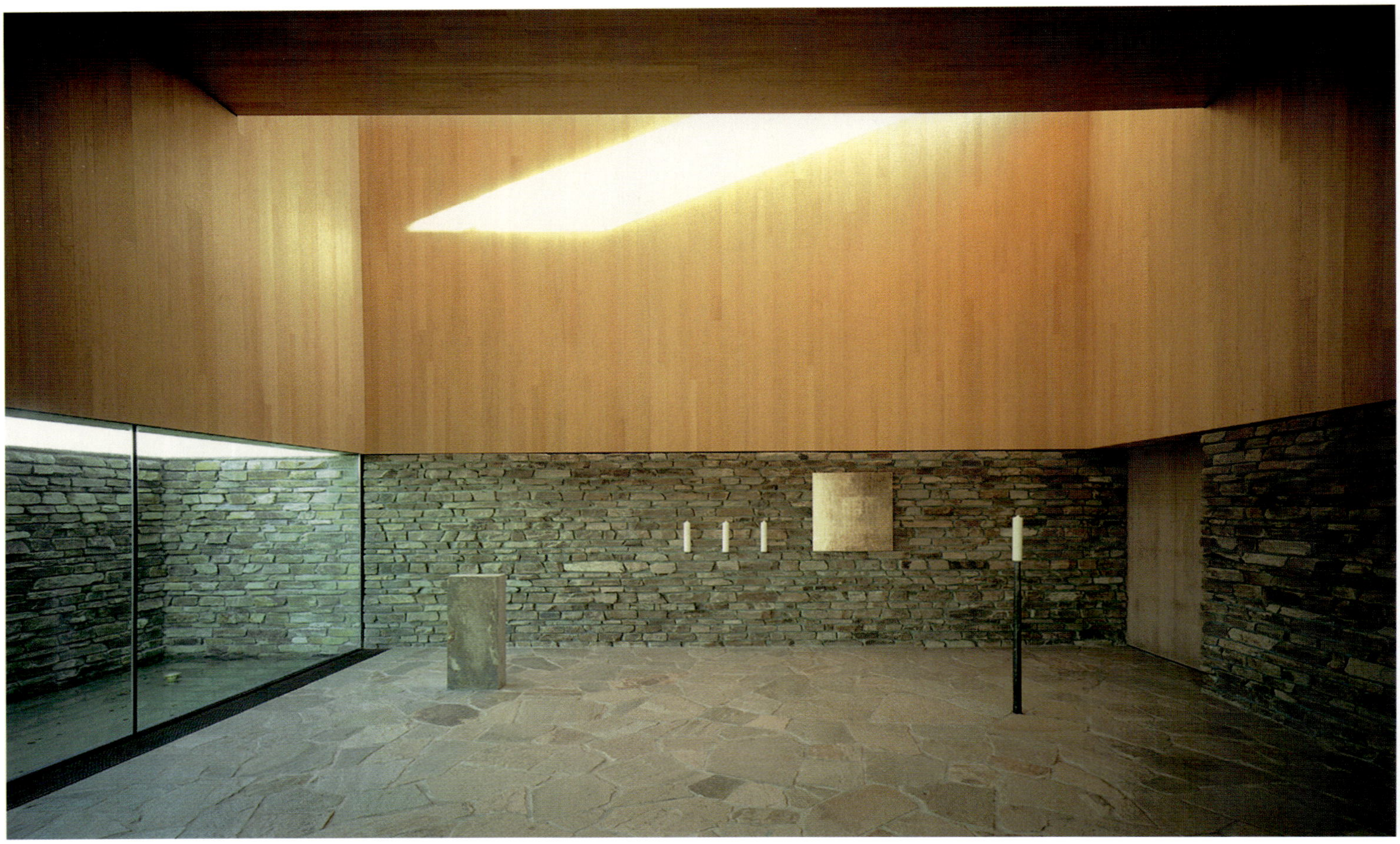

Blick in den Durchgang zum Betriebshof. Reduzierte Materialwahl soll die Konzentration der Trauergäste eher bündeln als ablenken.

Intimität bestimmt den Andachtsraum. Das Oberlicht taucht die Eichenverkleidung oberhalb der Bruchsteinwände in warmes Licht.

Der werksteingerechte Verband der Bruchsteine spiegelt sich in einer kleinen Wasserfläche, rechts im Hintergrund der Andachtsraum.

Holzhaus im alten Feldsteinhaus

Markus Pernthaler Architekt, Graz, Österreich

Einige Baudaten

Projektmitarbeiter: Michael Jannach, Stefan Pernthaler

Entstehungszeit: 1996–1999

Ort: St. Veit a. d. Glan, Kärnten, Österreich

Fassaden: Freigelegtes Bruchsteinmauerwerk, Pfostenriegelwerk mit Lärchenlattung

Das alte landwirtschaftliche Gebäude in St. Veit a. d. Glan mit einem Stall im Erdgeschoss und einer darüber liegenden Scheune sollte in ein Wohngebäude umgebaut werden. Der Putz der Fassaden wurde abgeschlagen und gereinigt. Da das massive Gebäude aus Bruchstein gemauert ist, sollte die Natursichtigkeit der Steine zur kräftigen Dominanz der alten Struktur beitragen. Die Kappengewölbe im Untergeschoss blieben erhalten und wurden mit Lehmputzen saniert. Dort befindet sich der hinter profillosen Verglasungen abgetrennte Eingang mit einer zentralen einläufigen Treppe als unbeheizte Pufferzone. Die übrigen Räume dienen als Lager- und Nebenräume. Der obere Wohntrakt wurde aus dem Scheunenvolumen förmlich heraus gestanzt. Hinter dem Entwurf steht das Thema »Haus im Haus«. Deduktiv wurden die Gebäudefassaden bis auf das statische Gerüst der Wandpfeiler entkernt. Hinter der ehemaligen Fassade stehen leichte Holzständerwände, außen mit Lärchenlatten verkleidet. Die südliche Wand wurde dabei so weit eingezogen, dass eine große überdeckte Terrasse entstand. Den Raumabschluss der Terrasse zum Wohn- und Essraum hin bildet ein ausgestülpter, zweigeschossiger Wintergarten. Das Dachgeschoss bietet mit vier Schlafräumen und einem großen Bad viel Platz für die Bewohner. Gaubenförmige Querbauten durchstoßen deswegen das große Dach, sie reichen an der Westseite als auskragende Erker bis ins Obergeschoss hinab. Großformatige Zementfaserplatten als Verkleidung unterstreichen den zeitgemäßen Charakter der Erweiterung. Um die Kontur des ehemaligen Baukörpers nach wie vor ablesen zu können, blieb das große gewalmte Hauptdach, bis auf die Gaubeneingriffe, erhalten. Die Untersicht der großen Südterrasse bewahrt den Charme des alten Dachstuhls. Bei diesem Umbau ist es gelungen, Alt und Neu auf eine Weise zusammenzuführen, die dem Alten die archaische Ruppigkeit belässt und leicht patinierende Oberflächen als Kontrast zu neuen Einbauten einsetzt, deren unaufgeregte Oberflächen, aus Lärche und Eternit, kongruent altern können.

Grundrisse Haupt-(oben) und Obergeschoss (unten)

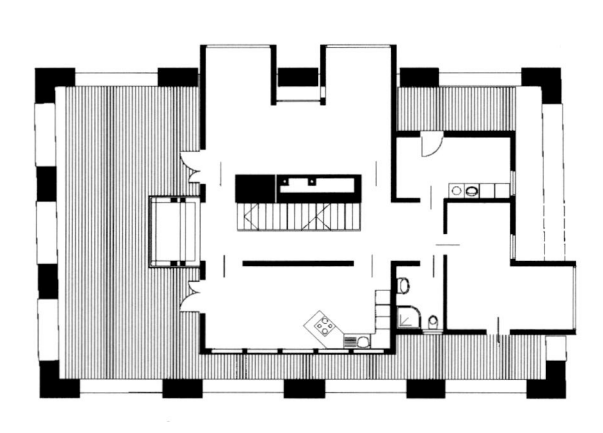

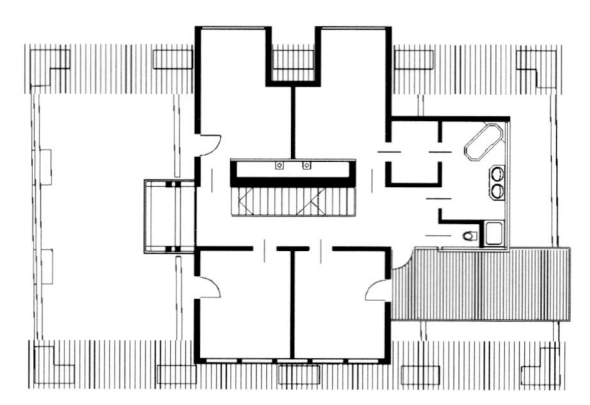

Blick aus dem Wintergarten auf die unter dem Dach geschützte Holzveranda.

Die mit Lärche gedeckte Terrasse führt außen um die unter das große Dach eingestellten Baukörper herum.

Markus Pernthaler

Die alten Dielen und das Gebälk treten in Kontrast zu den neuen Einbauten. Links im Bild der Wintergarten, rechts die Balustrade mit den schräg gekippten Solarkollektoren, die bei tief stehender Südsonne gleichzeitig als Blendschutz dienen.

Die ehemalige Scheune steht frei auf einem schwach geneigten Hang. Der schadhafte Putz wurde von den Fassaden abgeschlagen und das darunter liegende Bruchsteinmauerwerk freigelegt.

Schräger Steinkeil als Gemeindezentrum

Christine Edmaier Architektin BDA, Berlin, Deutschland

Einige Baudaten

Projektleiterin: Barbara Koller

Mitarbeiter: Alexander Bürkle, Sebastian Lange, Dana Lorenz

Tragwerksplaner: Ingenieurbüro Weber-Poll

Freiraumplaner: Gabriele G. Kiefer, Berlin

Entstehungszeit: 1996–2001

Ort: Neu-Allermöhe in Hamburg, Deutschland

Fassaden: Zweischalige Betonkonstruktion, Kerndämmung und Betonfertigteile aus zum Teil gespaltenen Findlingen und bewehrtem Beton

Der neue Hamburger Stadtteil Neu-Allermöhe zeichnet sich durch hohe Wohnblocks aus Backstein um ein mittiges Parkgeviert aus, das von einer Straße diagonal gequert wird. Der ausgeschriebene Wettbewerb bezog sich auf einen neuen Kindergarten mit angegliederten Räumen eines ökumenischen Gemeindezentrums; bald schon verkleinerten kommunale Sparmaßnahmen das Raumprogramm um die Hälfte: Übrig blieb ein Begegnungszentrum für die evangelische und die katholische Kirchengemeinde. Die Architektin konnte trotz der Reduzierung ihr schlüssiges Gesamtkonzept beibehalten. Sie platzierte das Gebäude an der Nordwestecke des Areals als scharf konturierte Raumkante, die sich keilförmig aus dem grasbewachsenen Gelände emporhebt und dieses gleichzeitig fasst. An dessen Südseite reicht es bis an das Ufer eines Grundwasser-Biotops heran.

Ursprünglich waren die senkrechten Wände in Sichtbeton konzipiert, um einen Kontrast zur weichen Erde und zum Backstein der umliegenden Wohnblöcke zu bilden. Der Gemeinde war das Material aber zu negativ besetzt und sie befürchtete, die Wände würden binnen kurzem als Graffiti-Fläche benutzt werden. Geeigneten Ersatz fand man in Feldsteinen, die ab und an bei norddeutschen Dorfkirchen und auch aufgeschichtet zu Feldrainen in den umliegenden Ackerfluren eingesetzt wurden. Um die Fassaden heutigen Bedürfnissen anzupassen,

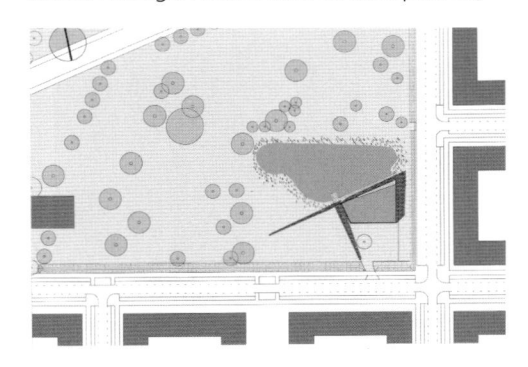

Lageplan, M 1:3000

sollten die Findlinge als Fertigteilwände vor einer wärmegedämmten Betonwand montiert und von Drahtankern gehalten werden. Die Hälfte der Steine konnte sogar aus der unmittelbaren Umgebung gewonnen werden. Um eine gleichmäßige Stärke der Fertigteile zu erreichen, mussten die dickeren Findlinge gespalten werden. Wie eine Burgmauer legt sich die Schale um das Zentrum. Bis auf die Südseite, die sich zum Teich hin mit einer großen Wintergarten-Verglasung öffnet, sind alle Wände als Lochfassade großenteils geschlossen. Unregelmäßig gesetzte Öffnungen, die von kastenförmigen Stahlblech-Laibungen gefasst werden, schaffen gemeinsam mit den fast ansatzlosen Dachkanten einen sehr skulpturalen Baukörper, der im Lauf der Zeit mit der Landschaft verwachsen wird.

Das Innere des Gebäudes wurde auf Grund der relativ hohen Kosten für die Fassaden wohltuend einfach gehalten. Zentrum des Hauses bildet ein doppelgeschossiger Versammlungsraum mit Altarnische. Die große Fensteröffnung zur Wasserfläche schafft eine heitere Atmosphäre. Die umliegenden Gruppenräume und die Pastorenwohnung im Geschoss darüber runden das Konzept ab.

Detail der wärmegedämmten, doppelschaligen Fassade

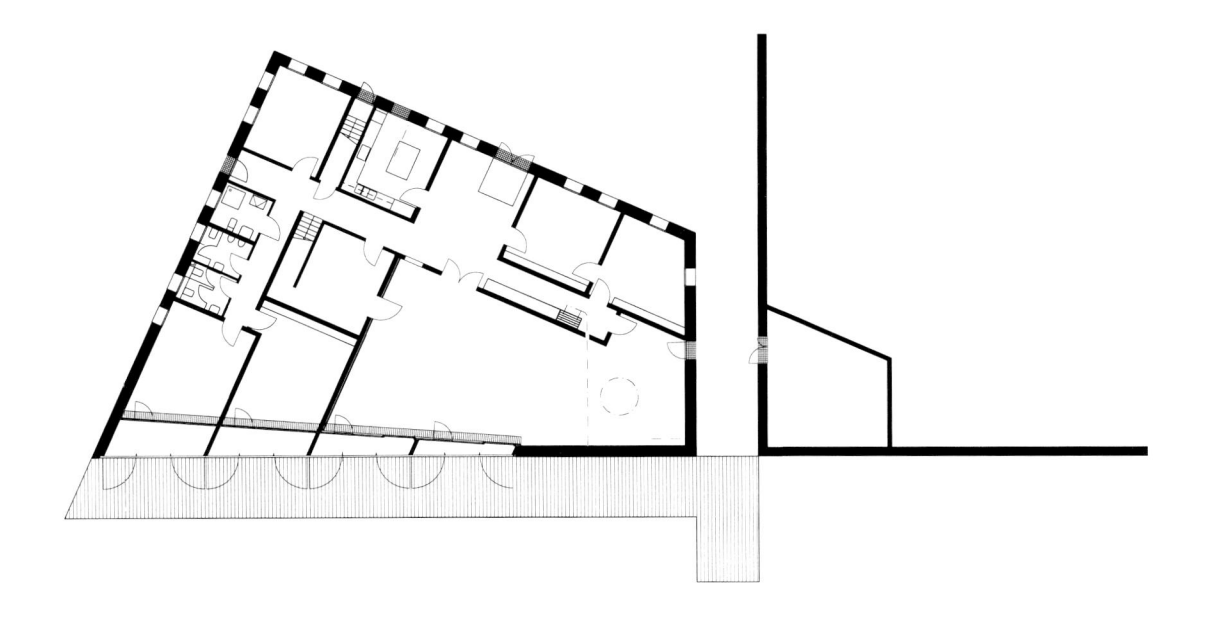

Grundriss Erdgeschoss, M 1:400

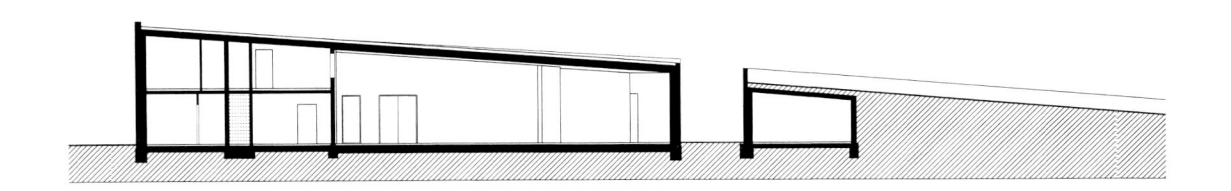

Schnitt, M 1:400

Die Mauerkontur jenseits des Feuchtbiotops betont die schräg ansteigende Geländekante. Die Zäsur der Mauer macht den Weg frei für einen direkten Zugang zum See. Im linken Teil befindet sich hinter der großen Glasfassade ein Wintergarten als Pufferzone.

Im Norden wächst der Rasen über den östlichen Nebenraum.

Gewände aus feuerverzinktem Stahlblech bilden die Fensterlaibungen der unregelmäßig in der Fassade angeordneten Öffnungen.

Eine Stahl-Glas-Fassade bildet den Wetterschutz. Vor den dahinter liegenden Holzfenstern ergeben sich Kaltluft-Wintergärten als Pufferzonen.

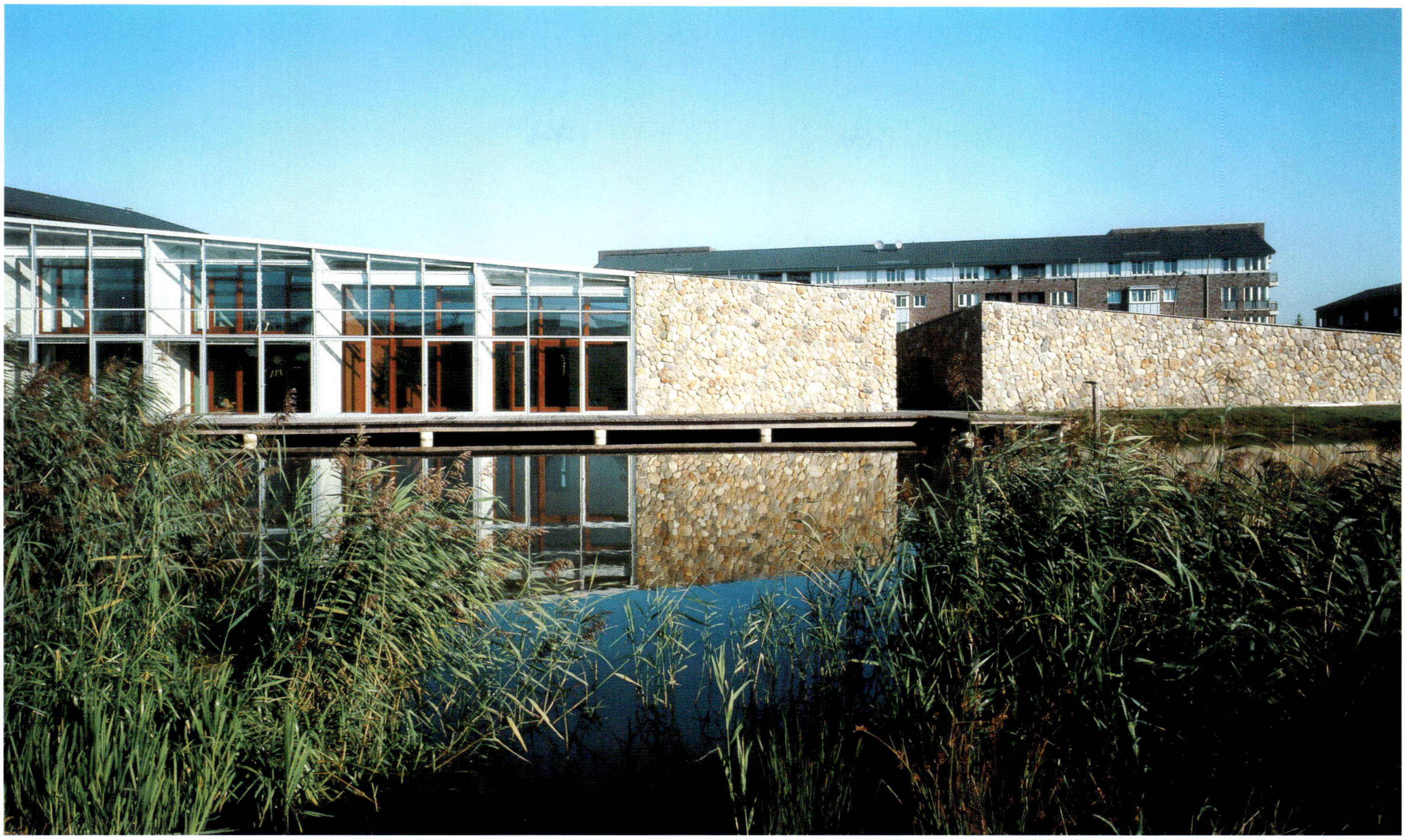

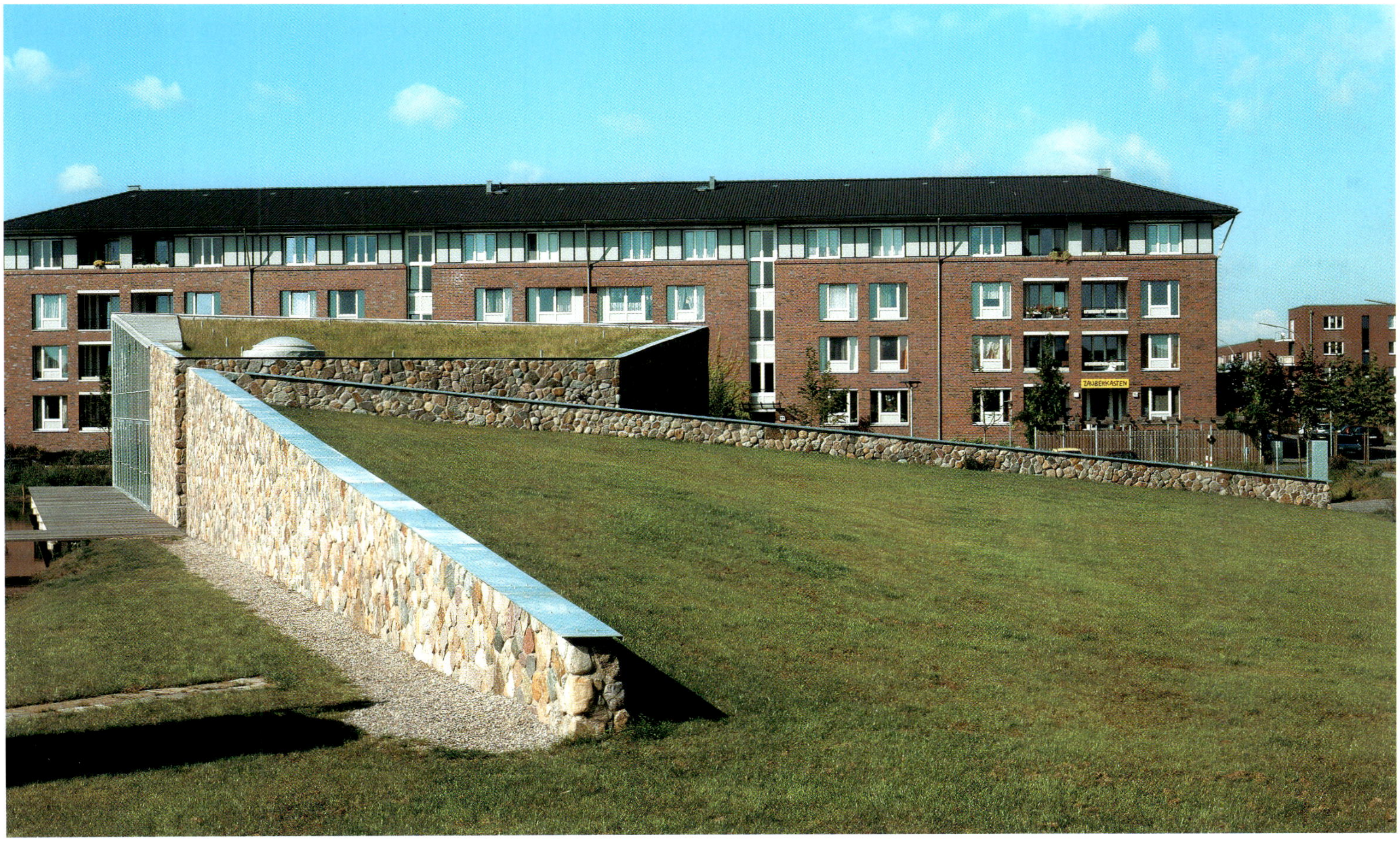

Baumaterial aus der Umgebung

**Brückner + Brückner Architekten,
Tirschenreuth, Deutschland**

Einige Baudaten

Planung: Peter Brückner, Christian Brückner

Mitarbeiter: Robert Reith, Wolfgang Hermann

Tragwerksplaner: Klaus-Peter Brückner

Entstehungszeit: 2000–2001

Ort: Bärnau, Oberpfalz, Deutschland

Fassaden: Flossenbürger Granit, gesägt und gebrochen vor Dämmziegelfassade oder mit Dämmung, hinterlüftete Lärchenholzverkleidung, Lärchenschalung als hinterlüftete Dachdeckung auf mehrlagigem Bitumendach

Ein Wohnhaus auf den Oberpfälzer Anhöhen kurz vor der tschechischen Grenze in Alleinlage ist Wind und Wetter ausgeliefert. Den Bauherren, die eine Fischzucht betreiben, war es ein Anliegen, dass ihr Wohngebäude, auf einer kleinen Anhöhe oberhalb der Teiche geplant, auf Besucher markant wirke und zugleich den Winterstürmen trotzen könne. In Anlehnung an die traditionellen Häuser der Oberpfalz, deren knappe Ortgänge und Traufen im Gegensatz zu den weit auskragenden Dächern des Voralpenlands stehen, wollten die Architekten den neuen Baukörper mit ähnlich knappen Details als annähernd monolithischen Block gestalten. Obwohl sich der Gemeinderat in der Genehmigungssitzung lange gegen den von manchen Mitgliedern als »Bunkerbau« apostrophierten Entwurf sträubte, lag die richtige Lösung in der Reduktion der Gestaltungsmittel: Nicht der Bau sollte den Ort bestimmen, sondern der Ort den Bau. Letztlich wurde der Bauantrag dann auch einstimmig angenommen. Die Baumaterialien, für die die Architekten zusammen mit den Handwerkern Details entwickelten, stammen alle aus der näheren Umgebung. Bruchraue Granitsteine, die als Abfall der Pflasterproduktion aus dem nahen Steinbruch kamen, wurden zur Außenfassade vor der kerngedämmten Ziegelwand vermauert. Die raue Oberfläche mit dem hohen Feldspat-und Glimmeranteil schimmert in vielen Farben und trägt als Signet zur kräftigen Erdigkeit des Hauses bei. Die Steinfassade zieht sich auch ins Treppenhaus hinein, das mit einem vertikalen Schlitzfenster eine Zäsur zur südlichen Lärchenverkleidung bildet. Lang gezogene Schlitzfenster trennen auch im Obergeschoss die Materialien Stein und Holz. Mit einem Kunstgriff vermieden es die Architekten, die klare Gebäudekontur zu stören: Die Dachbekleidung aus Lärchenbrettern liegt auf einer Konterlattung auf. Darunter verbirgt sich als wasserführende Schicht ein mehrlagiges Bitumenbahnendach. An der Traufe wurde eine Kastenrinne, bis auf ein dünnes Zinkblech unsichtbar, hinter der belüfteten Lärchenfassade befestigt. Auf eine Besonderheit der Innengestaltung sei noch hingewiesen. Das Bad im Obergeschoss weist eine steinerne Badewanne direkt vor dem Fenster auf. Der in drei Nischen aufgefächerte Raum ist mit großen geschliffenen Granitplatten bis in Kopfhöhe verkleidet. Alle verwendeten Materialien können und dürfen altern, Patina ist nicht geduldet, sondern erwünscht.

Grundriss Erdgeschoss, links Wohnbereich, rechts Arbeitsraum

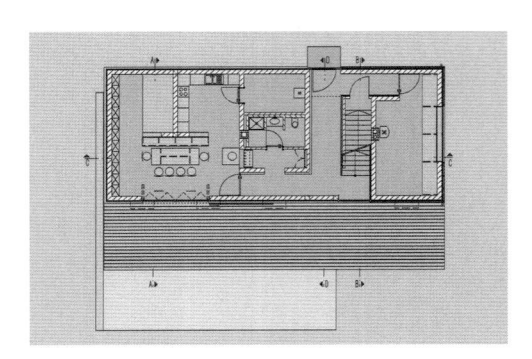

Grundriss Obergeschoss, links Schlafbereich, rechts Arbeitsraum

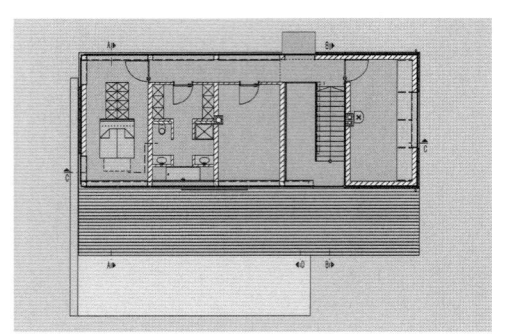

Ein Haus wie aus einem Guss. Die Öffnung in der Bruchsteinfassade rechts belichtet den Wohnraum. Hinter dem senkrechten Fensterschlitz liegt das Treppenhaus. Die Lärchenbretter setzen sich in der Dachdeckung fort.

Die Badewanne aus Granit liegt quer vor dem Schlitzfenster. Daneben eine Nische für den Waschtisch. Böden und Wände sind bis auf Augenhöhe mit polierten Granitplatten verkleidet.

Blick von der Treppe im Obergeschoss in den Flur mit den Türen zu den Schlafräumen. Die Bruchsteinfassade umgreift den Zimmerblock.

Mauer oder Haus

Souto de Moura Arquitectos, Porto, Portugal

Einige Baudaten

Mitarbeiter: Manuela Lara, Pedro Reis, Nuño Rodrigues Pereira

Tragwerk: José Adriano Cardoso

Entstehungszeit: 1991–1998

Ort: Moledo bei Caminha in Nordportugal

Fassade: Bruchsteinmauerwerk aus Granit

Nordportugals Städte, Gassen und Brücken kennzeichnet ein Material: Granit. Er wird allerorten gebrochen und auch heute noch verbaut, wenn auch meist eher in dekorativen Formaten. Edouardo Souto de Moura liebt dieses Material und bekennt sich zu einer Architektur, die an die Tradition anknüpft. Seine Entwurfsarbeit ist dagegen eher puristisch und modern zu nennen, sie beruht auf Prinzipien, die an diesem Haus, das in sieben Jahren entstand, exemplarisch gezeigt werden können. Souto de Moura versucht, klare Trennungen zwischen den Elementen Wand, Decke und Boden zu schaffen. Eine Wand ist eine Wand ohne Löcher für Öffnungen; erst wenn eine Wand aufhört, beginnt eine Glasfassade, und an deren Ende beginnt wieder eine Wand. Im Boden gibt es Schwellen, Grenzziehungen, zwischen verschiedenen Belägen oder zwischen innen und außen. Und Dächer sind flache Scheiben, die tatsächlich auf den Wänden aufliegen und nicht nur so tun, als täten sie das.

Die meiste Zeit und das meiste Geld beim Bau verschlang die Einebnung der ansteigenden Feldterrassen, auf deren oberster das Haus stehen sollte, da man von diesem Punkt einen freien Blick auf die nicht weit entfernte Atlantikküste hat. Da die Terrasse zu eng war, um die Grundfläche des Hauses aufzunehmen, wurde ein Teil abgetragen, und zwei neue Stützwände aus den vorhandenen Bruchsteinen wurden senkrecht an den freigelegten Fels geführt. Die Abbruchkanten der langen Öffnung in der ehemaligen Böschungsmauer wurden seitlich beigemauert. Auf die beiden Querwände wurde eine Decke gelegt, die nach den Worten des Architekten so aussehen soll, als sei sie vom Himmel gefallen. Unter der sichtbaren Betonoberfläche liegen eine Kunststoff-Abdichtung und eine Wärmedämmung. Es gibt keine Regenrinnen, keine Abdeckbleche: klar erkennbar soll hier Patina entstehen. Während zum Tal hin die Glasfassade etwas unter das Betondach eingeschoben wurde, um durch den Dachvorsprung einen minimalen Sonnenschutz zu gewährleisten, sitzt die Fassade an der Rückseite, zum Felsen hin, fast bündig zur Dachkante. Ebenso unterschiedlich wurden die Bodenanschlüsse behandelt. Weil bei Regen mit Güssen vom Felsen herab zu rechnen ist, schützt ein quer vor der hangseitigen Fassade verlaufender Graben mit Rollrost vor Wasserschäden. An der Talseite liegt ein etwas erhabenes Holzdeck unmittelbar vor den Schiebefenstern aus Holz. Die Terrasse vor dem Wohnraum wurde mit großen Granitquadern ausgelegt. Die Einfachheit des Hauses besticht gerade wegen seiner fast naiven Geradlinigkeit. Weniger ist mehr. Ludwig Mies van der Rohes sprichwörtlich überlieferter Satz gilt sicherlich für solche Architektur.

Isometrische Darstellung des Hauses und der Terrassen

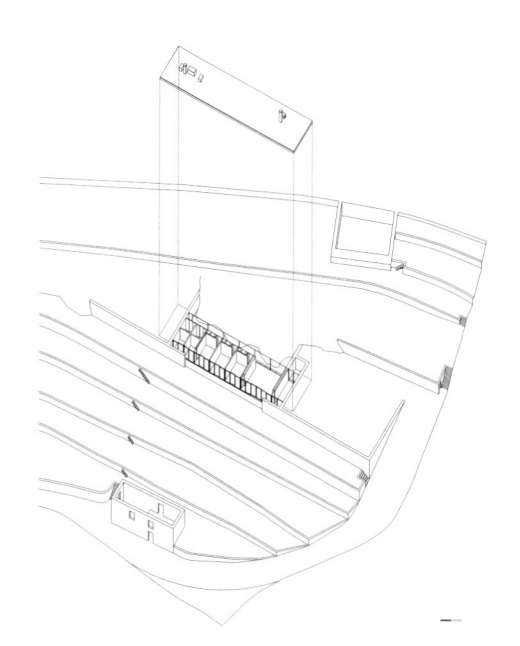

Architektur, die sich dem Ort unterordnet: Das Haus liegt fast unsichtbar inmitten der ansteigenden Feldterrassen, die von Böschungsmauern aus Granit gestützt werden. Mit der Zeit wird es eine Patina aus Moos und Regenschlieren beinahe unkenntlich machen.

Souto de Moura 93

Das Dach wirkt wie von Titanen nur lose aufgelegt. Im Hintergrund sind der schmale Küstenstreifen und der Atlantik zu sehen.

Wo die Granitwand aufhört, beginnt das Fenster. Vor den Wohnräumen erstreckt sich, gleichsam als Verbindungsglied, ein schmales Holzdeck bis zur eigentlichen Terrasse mit dem Granitbelag.

Das Plateau, auf dem das Haus steht, wurde bis zum anstehenden Fels freigelegt. Der dadurch entstandene Raum dient als Panorama für den Erschließungsflur. Die Räume selbst befinden sich hinter den Holzeinbauten.

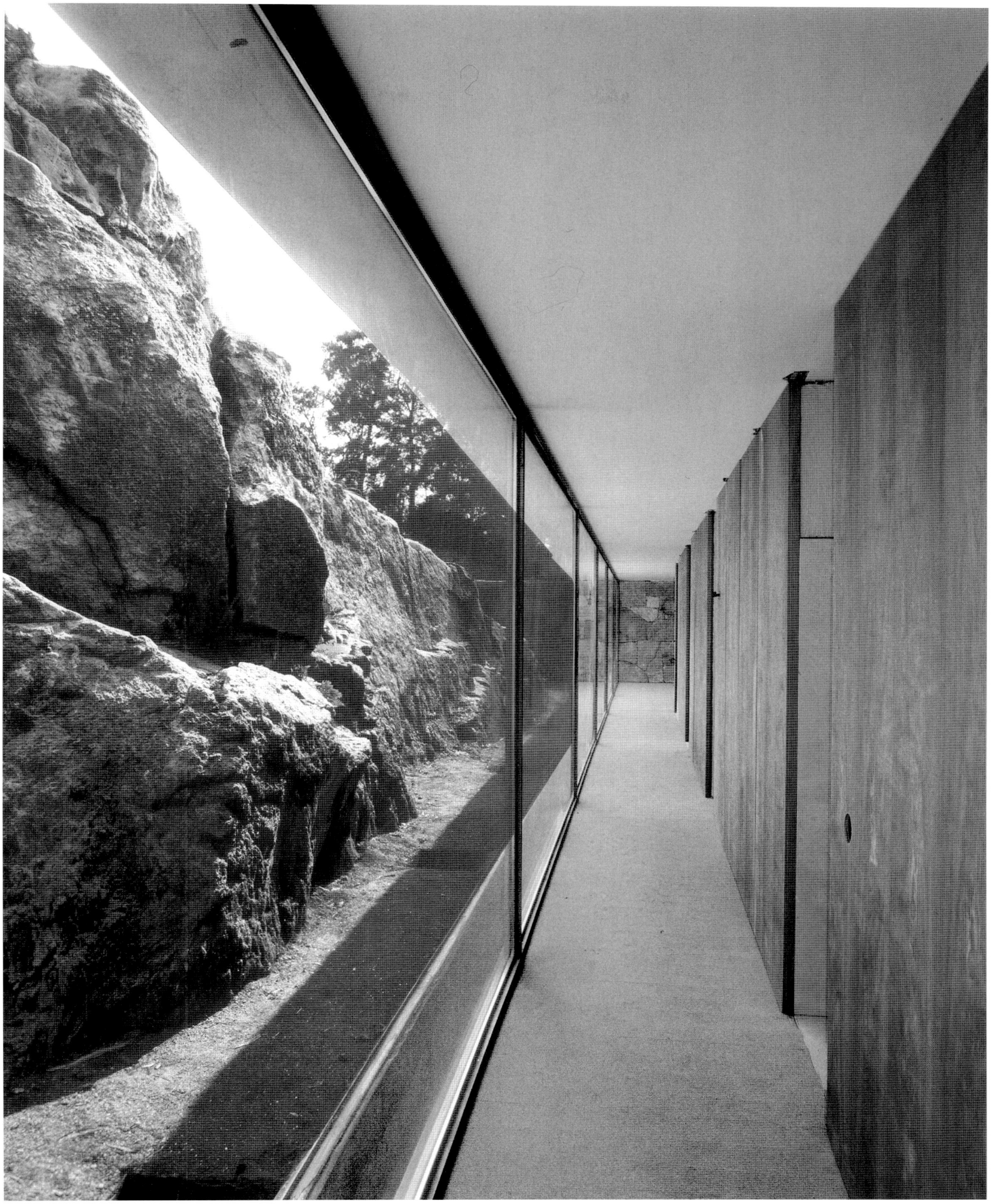

Backstein-Quartier an der Sieg

Architekturbüro Böhm, Peter Böhm,
Köln, Deutschland

Einige Baudaten
Projektpartner: Architekturbüro Michael Deisenroth
Projektteam: Jürgen Flohre, Bettina Herz, Monika Adolphi, Christopher Schroeer, Stephan Martin, Martin Berg, Marita Rautenberg, Freya Fuhrmann
Tragwerksplaner: Ingenieurbüro Laufenberg
Entstehungszeit: 1999–2001
Ort: Hennef, Deutschland
Fassade: Ziegel-Vormauerwerk mit hinterlüfteter Kerndämmung

Backstein hat in den norddeutschen und niederländischen Niederungen als Baumaterial eine reiche Tradition. Die Stadt Köln liegt an der Grenze dieser Materialdomäne. Hier enden die tonreichen Schwemmlandzonen, hier beginnen die Höhenzüge des Bergischen Landes und der Eifel. Der Ort Hennef liegt an der Sieg etwas südlich von Köln. Im Zuge der Stadtentwicklung sollte der Stadtkern eine Erweiterung in Richtung auf die nahe Flussschleife erhalten. Geradlinig verläuft die Anbindung des Wohnviertels an die Sieg von der Hauptstraße aus nur auf einer Seite. In einem leichten Bogen schwingt die westliche Baukante und erweitert dadurch die Gasse zu einem konvex gekrümmten Platz. In dessen Mitte öffnet sich die östliche Baukante gerade so weit, dass eine Fuge für eine senkrecht in den Platz einmündende Seitengasse entsteht. In deren Nische bauchen die Baukanten ebenfalls aus und bilden einen weiteren, intimeren Platz, der von der Front eines frei stehenden Baublocks dominiert wird.

Das Viertel aus dem Baustoff Backstein mit dem griechischen Namen Chronos, Zeit, trägt die Handschrift eines Bildhauer-Architekten, es ist aus einem Guss. Die Tradition der Kölner Architektenfamilie Böhm wird hier fortgesetzt. Es scheint, als wollte der büroleitende Architekt Peter Böhm an die Materialvorliebe seines Großvaters Dominikus anknüpfen, dessen Kirchen meist vom Backstein geprägt waren, während sich Peters Vater Gottfried mit dem Baustoff Beton beschäftigte. Die skulpturale Ausarbeitung in einzelne Baublöcke, die ohne Bordsteine wie mediterrane Gebäude ansatzlos aus der Pflasterfläche emporwachsen, zeigt eine Kontinuität über die Generationen hinweg. Was für die Betonbauten wie die Wallfahrtskirche in Neviges gilt, gilt auch für die Form, in der hier der Baustoff Ziegel einge-

Isometrie des Wohnviertels. Im Vordergrund neigt sich eine schräge Lände zum Ufer der Sieg.

setzt wird. Was Gottfried Böhm in einem Interview mit Elisabeth Plessen in der Zeitschrift »Baumeister« über Beton sagte, kann man sinngemäß auch auf die Ziegelflächen in Hennef übertragen: Ziegel »hat das für mich sehr angenehm Steinerne gegenüber allem Gläsernen oder Stählernen. Beim Steinernen ergibt sich das Zufällige, das nicht ganz geplante, das was wir heute ausschalten wollen – den Schmutz, die Patina. All das können wir in unserer perfekten Zeit nicht mehr ertragen, und deshalb wird es gerne weggedrängt, obwohl alle in der Welt herumreisen und sich an anderen Orten, beispielsweise in Italien, begeistert die Bauten mit den unterschiedlichsten Farb- und Oberflächen ansehen. Dann und dort gefällt es uns, aber in Neubauten glaubt man es nicht ertragen zu können.« Dass es dennoch möglich ist, wird die Zeit im Viertel Chronos beweisen.

Der Platz reicht bis an die Hauskante. Die Silhouette hat eine einfache, aber markante Kontur, da das kubische Volumen von Einschnitten für Treppenhäuser und Loggien geprägt wird.

Blick aus einer Seitengasse auf den städtischen Platz. Die Fenster sitzen bündig in den Ziegelfassaden. Die changierenden Farbnuancen der Ziegel können Patina gut vertragen, ohne schmutzig zu wirken.

Der Solitärbau am Ende einer konisch zulaufenden Platznische wirkt fast monolithisch, gerade so, als wäre er aus einem Ziegelberg gehauen worden. Die unterschiedlichen Funktionen der Innenräume lassen sich an den Fensterformaten ablesen.

Vierzig Landhäuser an einem Anger

Sander Architekten, Amsterdam, Niederlande

Die gläsernen Giebel der Wintergärten entsprechen den massiven Ziegelvolumen. Grabendächer mit innen liegenden Dachrinnen entwässern die eng aneinander gerückten Baukörper.

Ungleich gebrannte Klinker unterstützen die homogen plastische Wirkung der giebelständigen Fassadenreihen.

Einige Baudaten
Entstehungszeit: 1997–2001
Ort: Leidschenveen, Niederlande
Fassaden: Hartbrand-Klinker als wärmegedämmte Vorsatzschale

Unter dem Leitbild landschaftsschonender Besiedelung sollen mit dem niederländischen VINEX-Programm etwa 400 000 Wohnungen in verdichteter Bauweise geschaffen werden. In diesem Zusammenhang entstanden neben einigen langweiligen Reihenhausstangen auch ein paar bemerkenswerte Siedlungen, in denen der städtebauliche Aspekt einer Siedlung als Planungsaufgabe zum Tragen kommt. Darunter ist sicher auch diese Landhausanlage zu zählen. Entlang einer breiten Straße, die für die Versorgungsleitungen des kompletten Neubaugebiets von Bebauung frei gehalten werden musste, sollten nach dem Vorbild französischer Dörfer, die um einen kleinen Platz oder einen Dorfanger angelegt sind, vierzig Landhäuser entstehen. Eine Seite des Grundstücks säumte ein kleiner Kanal.

Lageplan der Siedlung, M 1:3000

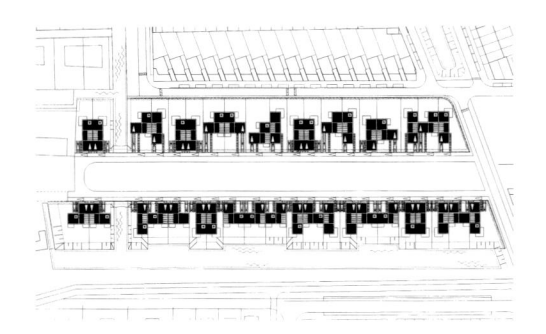

Wiederholungen und Variationen, wie sie bei Johann Sebastian Bach zu komplexen Fugenkompositionen aus einfachen Bausteinen führten, bestimmen auch das Entwurfsschema der niederländischen Architekten. Aus einem Grundmodul von sechs mal sechs Metern entwarfen sie Haustypen, die die Prägnanz und Vielfalt der Gruppe von Landhäusern bestimmen. Vor- und zurückspringende Giebel wechseln sich ab mit Glashäusern gleichen Volu-

Isometrische Skizzen der möglichen Varianten

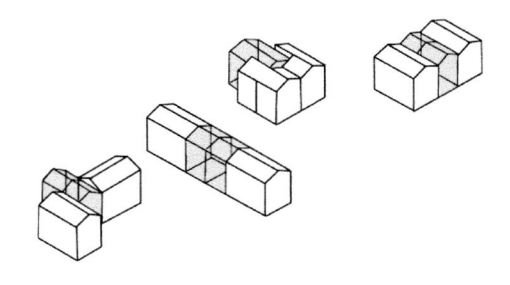

mens, gleicher Dachneigung. In Gelbtönen changierende Klinkerwände und -giebel ohne Dachüberstand halten das Ensemble zusammen, betonen, ja verstärken den ländlichen Charakter. Die Anmutung von mediterranen Dörfern, die mit der Zeit patinieren und so zu einer Gestalt zusammenwachsen, ist intendiert. Kein Zaun sperrt die Zugänge zu den Häusern ab, auch schließt sich die Siedlung nicht gegen das Bebauungs-Einerlei ihrer Umgebung ab. Die Grundrisse der Häuser sind zum Teil L-förmig, zum Teil aber auch linear: schmal und

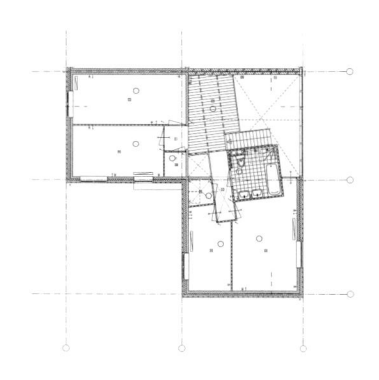

Grundriss des Obergeschosses eines L-förmigen Typs

bis zu 16 Meter lang. Kennzeichnend für alle Typen ist die Schrägstellung des Servicekerns aus Küche und darüber liegendem Bad, die dynamische Raumvolumina in dem rigiden Raster entstehen lässt. Ein Luftraum mit einer Treppe zur Galerie im Schlafgeschoss wertet die Raumzusammenhänge auf und ergibt eine offene und luftige Atmosphäre im Wohnbereich. Die Gratwanderung zwischen marktgängiger Immobilie und anspruchsvoller Architektur ist beispielhaft gelungen. Eine Wertsteigerung um achtzig Prozent schon während des Verkaufs ließ nicht nur die Herzen der Planer höher schlagen.

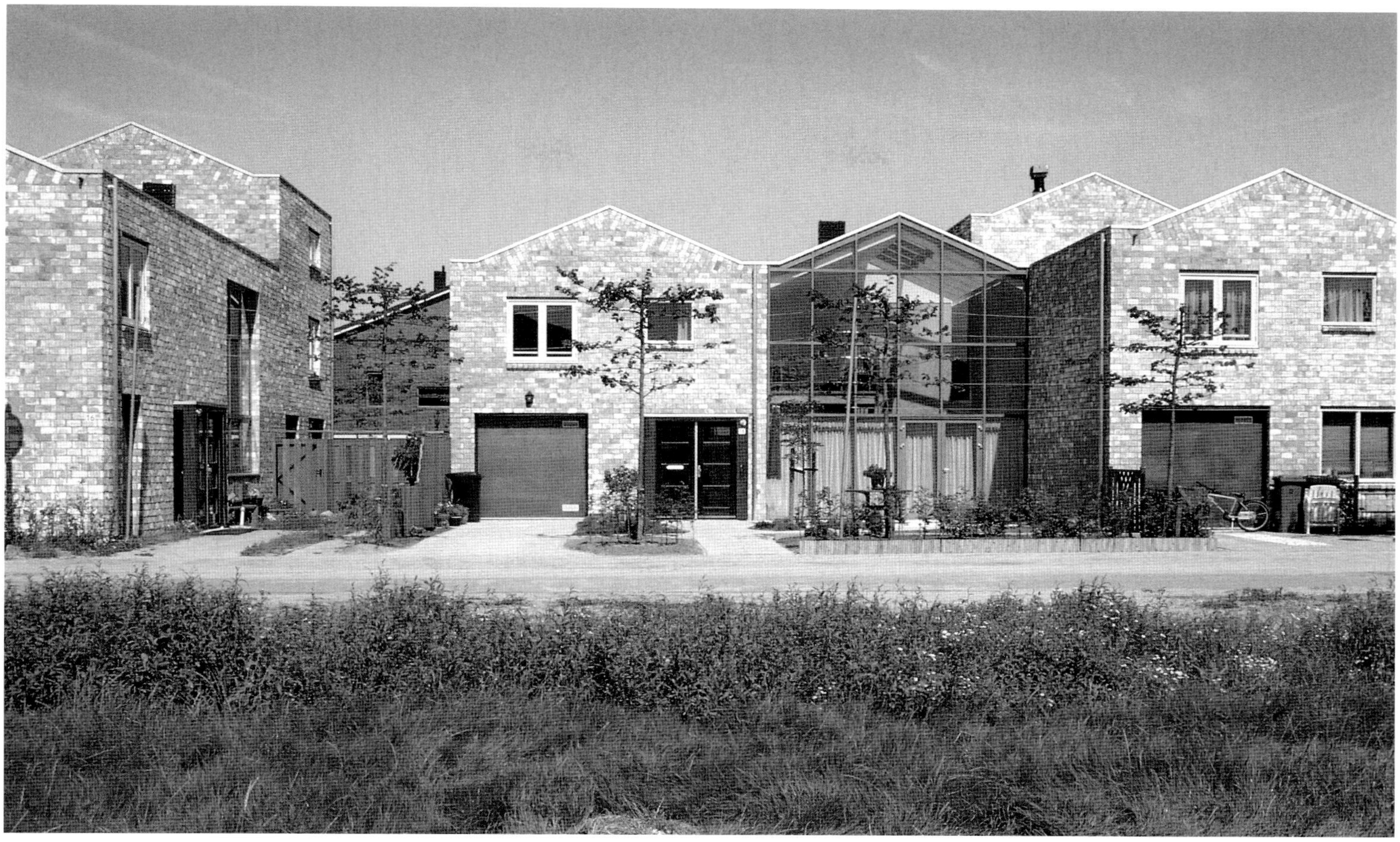

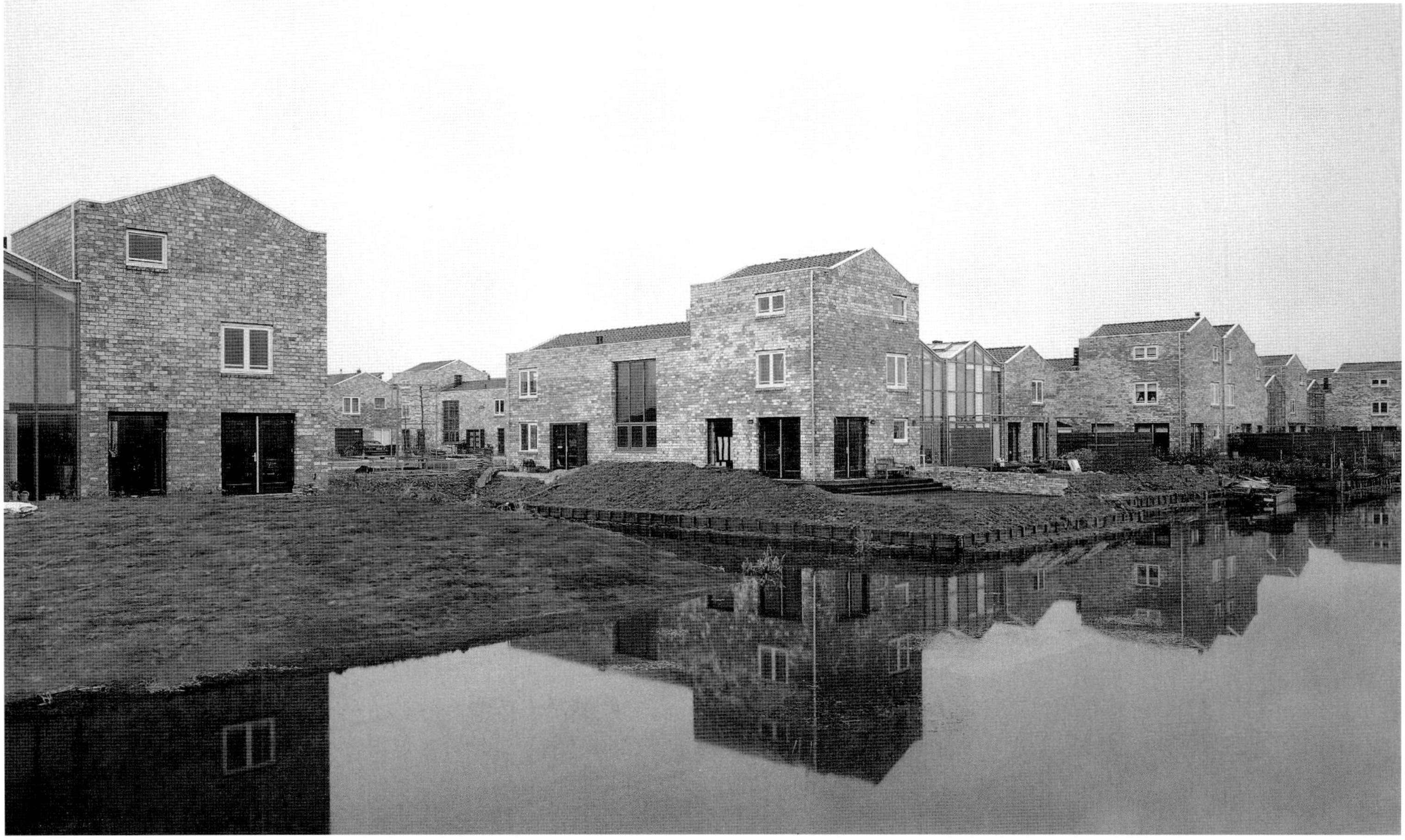

Venezianische Besonderheiten

Cino Zucchi, Mailand, Italien

Einige Baudaten

Projektteam: Cino Zucchi, Alessandro Acerbi, Ida Origgi, Franco Tagliabue, Federico Tranfa

Mitarbeiter: Natascha Heil, Gaudia Lucchini, Anna Chiara Morandi, Luca Zaniboni

Tragwerksplaner: Paolo Marzi + Giorgio Todeschini, Venedig

Entstehungszeit: 1997–2000

Ort: Venedig, Italien

Fassade: Ziegelmauerwerk mit natürlich grauem Putz, innen Marmorino-Stuck, Fensterbänke und -gewände aus Trani-Kalkstein

Das ehemalige Betriebsgelände der Firma Junghans auf der Insel Giudecca bot Platz für eine neue Wohnbebauung in Venedig. Die Stadt hat ansonsten nur in Mestre auf dem Festland Expansionsmöglichkeiten; Neubaumaßnahmen sind deshalb die große Ausnahme. Tourismus und Denkmalschutz vereint das Interesse, die Silhouette der Stadt komplett so zu erhalten, wie sie ist. Jeder Eingriff wird deshalb von vielen kritischen Augen begleitet. Als das Büro Zucchis in Mailand den für das Gelände ausgeschriebenen Wettbewerb gewonnen hatte, stand ein Parcours durch die Behörden an. Auch die Gründung der Gebäude, die jahrhundertelang mit Eichenpfählen bewerkstelligt wurde, ist bekanntermaßen im Sand der Lagune kein leichtes Spiel. Das hier vorgestellte Gebäude D liegt an einer exponierten Ecke, an der zwei Kanäle aufeinander treffen. Sechzehn Wohnungen sollten in einem viergeschossigen Bau untergebracht werden. Das Team um Cino Zucchi ließ beim Abbruch des Vorgängerbaus einen hohen Ziegelkamin als Reminiszenz an das alte Industriegelände stehen. Als Reaktion auf die unmittelbar benachbarte Apsis der Erlöserkirche schneidet sich ein im Grundriss konischer Hof in den Baukubus ein. Dort befindet sich der Zugang zu dem Mehrfamilienhaus. Große Aufmerksamkeit wurde der Fassadengestaltung geschenkt, die sich an historische Vorbilder anlehnt und dennoch ihren Zeitbezug offenbart. Nur drei verschiedene Fenstertypen sind unregelmäßig über die Fassaden verteilt und sollen die unterschiedlichen Lichtbedürfnisse der Wohnungsgrundrisse widerspiegeln. Da das Dach als Grabendach gemäß der venezianischen Bautradition nicht sichtbar wird, betonen die Fassaden die flächige Wirkung. Um das Gebäude in die Stadt einzugliedern und die Umgebung nicht durch die Helligkeit frischer Farbe zu übertönen, wurden die Lochziegelwände mit zementfarbenem Mörtel, der unbehandelt blieb, verputzt. Die Patina soll somit von Anfang an dem Gebäude das strahlend Neue nehmen. Lediglich der Gebäudesockel, die Fensterbänke und -gewände sind wie Bilderrahmen mit weißem Kalkstein umfasst – eher ein grafisches Mittel als eine Notwendigkeit; doch kann man dieses Stilmittel auch als Zugeständnis an die venezianische Bautradition verstehen. Lediglich der schlanke Lichthof wurde mit glattem Marmorputz bekleidet, um die Lichtreflexion zu maximieren.

Luftbild des Wettbewerbsgeländes mit rot markierten Neubauten. Gebäude D findet sich an der Ecke rechts, an der beide Kanäle aufeinander treffen.

Grundriss 1. Obergeschoss

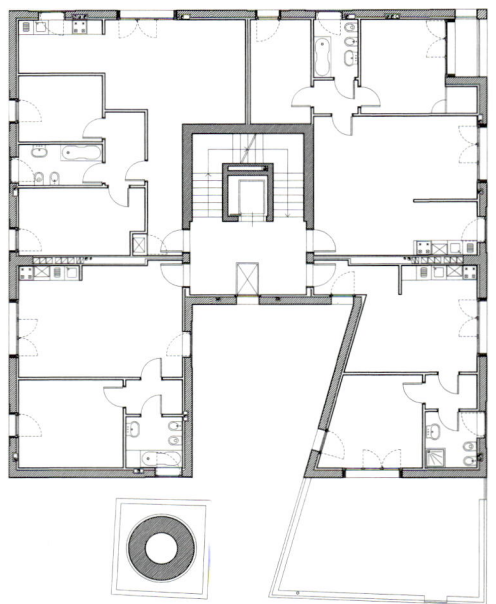

Im Haus an der Einmündung der Kanäle begegnen sich die alte Stadt und das neue Wohnviertel in einer Art Kristallisationspunkt.

Die ungestrichene Sandputzfassade wird überspielt von den weißen Kalksteinrahmen der unregelmäßig angeordneten Fenster. Tradition und Moderne überlagern sich.

Ausblick in den Lichthof mit dem seitlich im Bild angeschnittenen Ziegelkamin

Anbau mit rauer Schalung

archifactory, Bochum, Deutschland

Einige Baudaten
Projektleitung: Matthias Koch
Entstehungszeit: 2000–2001
Ort: Dortmund-Hombruch, Deutschland
Fassaden: Betonwände mit sägerauer Holzdielen-Verkleidung, innen glatt verputzt

Im Dortmunder Stadtteil Hombruch reihen sich altbackene Siedlungshäuschen aneinander. Eine bekannte Situation, wie man sie landauf, landab überall antrifft. Für einen separaten Anbau und eine Garage an einem dieser Häuser sollte der rückwärtige Garten möglichst geschont werden. Der Anbau sollte schlank und schmal als Grenzbebauung entlang der Grundstücksgrenze platziert werden und die Garage enthalten. Da die übrige Bebauung an dieser Ecke aus der Bauflucht zurückspringt, sollte die ursprüngliche Baulinie wieder aufgenommen werden und das Gebäude wie die östlichen Nachbarn direkt an der Straße liegen. Die städtebauliche Situation wurde damit nicht nur wieder aufgegriffen, sondern auch mit einem hoch aufragenden Baukörper akzentuiert. Meist ist es doch die schnöde Wiederholung des ewig Gleichen, die Festschreibung von Dachneigung, Kubatur und Trauflinien, die die Vororte so öde erscheinen lässt. Ein gut gemeinter demokratischer Ansatz der Nivellierung endet dann genau beim Gegenteil. Umso wohltuender wirkt hier die Betonung der Vertikalen in dieser von Abstandsformeln diktierten, flachen Welt. Dem Architekten schwebte zunächst ein schlichter grauer Betonquader im Sinne der aktuellen Schweizer Moderne als Leitbild vor. Die jungen Bauherren wollten sich aber nicht gleich mit einer so provokativen Geste im Viertel einführen. Die schließlich gewählte Außenhaut konnte beider Vorstellungen unter einen Hut bringen: 22 Zentimeter breite Lärchendielen wurden als hinterlüftete Schalung vor den wärmegedämmten Betonbau gesetzt. Die Bretter wurden nicht gehobelt, sondern sägerau in wildem Verband auf die Konterlatten genagelt. Die feinen Zellulosehärchen patinieren schnell unter dem Angriff der Witterung und werden bald einen silbergrau glänzenden Kubus erzeugen. Große Fensterflächen liegen bündig in der Fassade, damit keine Rücksprünge die klare Gestalt des Baukörpers »verwässern« und um einen auch in der Farbigkeit gleichmäßigen Alterungsprozess ohne Flecken, verursacht durch vorspringende Bleche, zu ermöglichen. Der Rauheit des Äußeren entspricht innen eine der Moderne des Bauhauses verpflichtete glatte Flächigkeit. Durch die unters Haus geschobene, in den Baukörper integrierte Garage ergeben sich höhenversetzte Ebenen, die mit einläufigen Treppen verbunden werden. Zum Garten hin springt die obere Ebene als Galerie zurück und ermöglicht so einen zweigeschossigen hohen Luftraum, der Licht durch eine übergroße Fensteröffnung erhält. Im Dachgeschoss bietet sich hinter der kopfhohen Balustrade ein uneinsehbarer, intimer Sitzplatz im Freien. Die schlichte Bretterkiste bietet mehr Komfort als Straßenpassanten vermuten werden.

Lageplan, M 1:3000

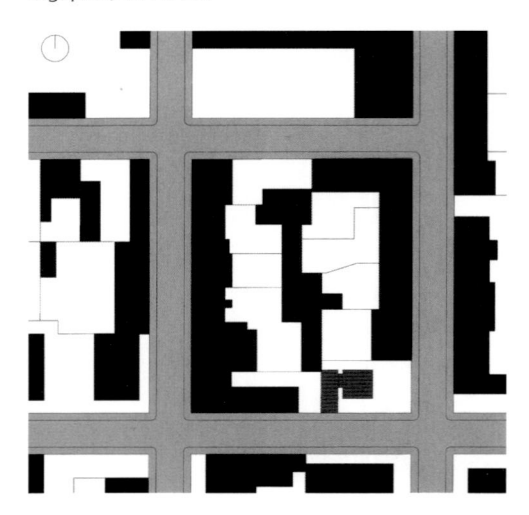

Schnitt, M 1:250

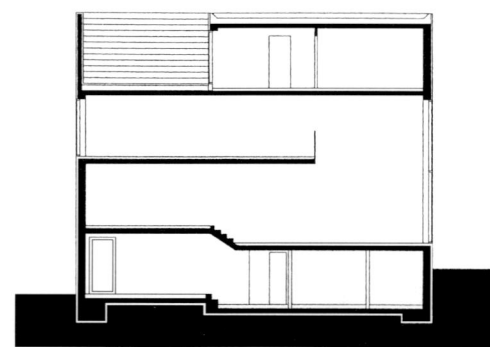

Grundriss, M 1:250

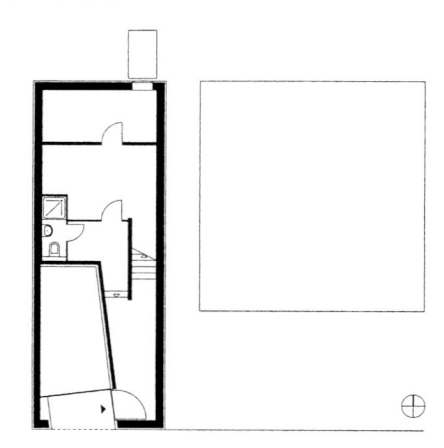

Blick von der höher gelegenen Essebene in den Garten. Puristische Strenge dominiert: zweifach geglättete Gipsputze an Wänden und Decken, glänzender Museumsterrazzo auf den Bodenflächen.

Blick vom Obergeschoss auf die Dachterrasse

Dominant schiebt sich der Anbau zwischen den Wohnhausgiebeln an die Baulinie vor. Die sägerauen Lärchenbretter kontrastieren mit den bündig in der Fläche liegenden, schwarzen Fensterprofilen.

TV-Produktion mit offener Bühnenarchitektur

Bushow Henley Limited, London, Großbritannien

Einige Baudaten

Projektteam: Ralph Buschow, Kim Fichter, Gavin Hale-Brown, Richard Harral, Simon Henley, Craig Linnel, Ken Rorrison, Naomi Rushmer

Tragwerksplaner: Dewhurst MacFarlane

Entstehungszeit: 1998–2000

Ort: London, Großbritannien

Fassade: hinterlüftete Fassaden aus Zink oder Douglasienschalung, sanierte Backsteinfassaden

Umnutzung ist ein viel diskutiertes Thema, nicht erst seit sich der Brennpunkt des europäischen Urbanismus von der Peripherie wieder in die kollabierenden Zentren verlagert hat. Seit triste Öden wie die Londoner Docklands oder ungenutzte Schienenflächen ehemaliger Rangierbahnhöfe als Tummelplatz für metropolitane Investoren entdeckt wurden, hat die Dienstleistungsgesellschaft das Industriezeitalter endgültig abgelöst. Es ist schick – und teuer – geworden, sein Loft oder sein Büro in umgebaute Industriehallen und Backsteingebäude zu verlegen. So sollte auch in unmittelbarer Nähe der Londoner Oxford Street ein neuer Firmensitz für eine britische TV-Produktionsgesellschaft mit 250 Mitarbeitern in einem Komplex aus zwei fünfstöckigen Backstein-Hauptgebäuden mit diversen Anbauten geschaffen werden. Da die Erschließung mit zwei Treppenhäusern und den einhüftigen Querbauten sehr unwirtschaftlich war, galt es eine vernünftige Lösung für die Verbindung der Gebäude zu finden. Das Architektenteam um Ralph Buschow und Simon Henley entschied sich für eine radikale Entkernung des Hofs. Alle Zubauten wurden abgetragen und durch ein neues zweigeschossiges Hofgebäude ersetzt. Über einen langen Zugang erreicht man den Empfangsbereich, der sich an einen kleinen Lichthof angliedert. Von dort führen unter einer großen Dachverglasung Nebentreppen zu den Produktionsbüros im Obergeschoss. Die Flachdächer um den bis ins Erdgeschoss reichenden Lichthof werden als Rasenfläche und als Kräutergarten genutzt. Hinter der Gestaltung der Obergeschosse stand die Idee eines Klosters. Zwischen den Grünflächen überqueren Holzstege aus Douglasie die Hoffläche. In den darüber liegenden Obergeschossen werden die dreiseitig um den Hof laufenden Wandelgänge und Balkone von den Mitarbeitern gerne angenommen. Wie auf einer Freiluftbühne spielt sich das Leben der Firma bei Sonnenschein auf den Holzdecks ab. Raucher treffen sich mit Gleichgesinnten, es wird getratscht, und büroübergreifend können hier Dinge besprochen werden. Die haptisch und optisch natürliche Wärme von Holz mit den alten Backsteinziegeln als Hintergrund soll diese Atmosphäre unterstützen. Das gilt auch für die Verkleidung des Aufzugskerns im Hof. Der Hut der Aufstockung des hinteren Gebäudes wurde mit Zinkblech verkleidet. Alle Materialien sind speziell auch im Hinblick auf ihre Alterungsbeständigkeit ausgewählt. Die silbergraue Patina der Douglasiendielen wird mit dem Rot der Backsteine und dem stumpfen Zinkhut zu einer eher wohnlichen Atmosphäre zusammenwachsen.

Blick von Süden in den neuen Hof mit den Verbindungsgängen im Vordergrund.

Blick auf das westliche Gebäude mit dem verkleideten Aufzugsschacht. Links neben der Verbindungsbrücke ist der Glaskubus des Oberlichts der Haupttreppe sichtbar.

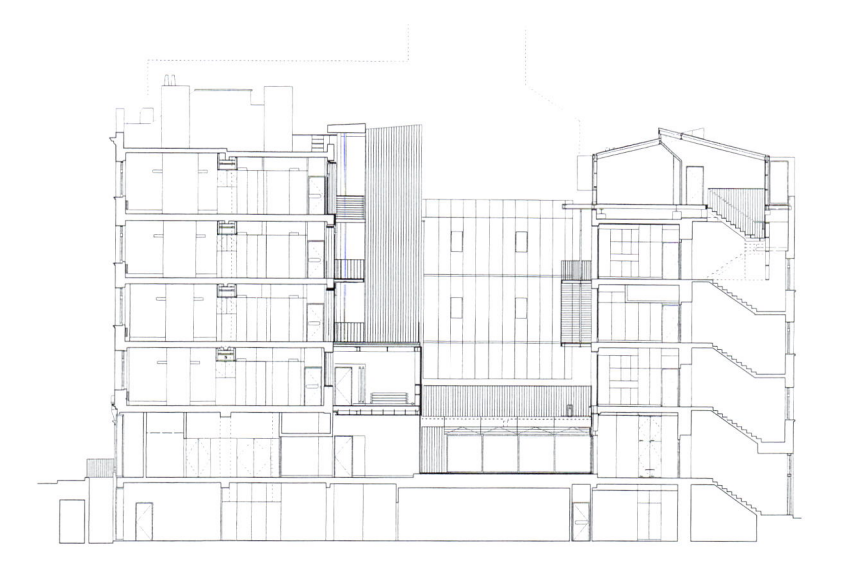

Querschnitt durch die beiden Gebäude mit Blick nach Norden, M 1:400

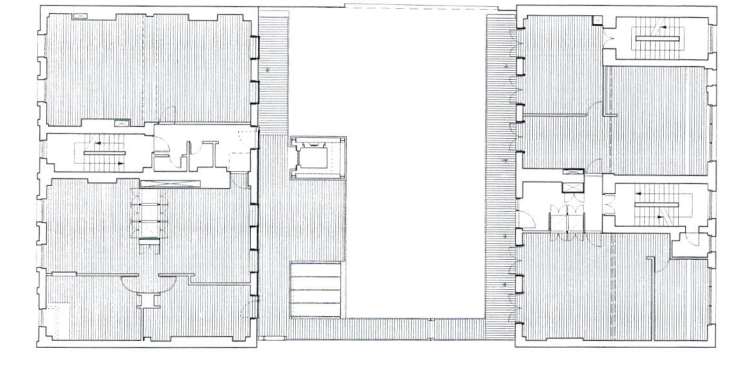

Grundriss des 2. Geschosses mit den Verbindungsstegen, M 1:400

Douglasie auf den umlaufenden Holzstegen, Balkonen und Brücken findet sich auch als Terrassenbelag des Lichthofs im Erdgeschoss wieder. Einfache Stabgeländer dienen als Absturzsicherung.

Symbiose eines Hauses mit dem Moor

Architekturbüro: der hausladen, München, Deutschland

Einige Baudaten

Planung: Tobias Fürst, Katja Klingholz, Hans Niedermeier

Entstehungszeit: 2000–2001

Ort: Hechendorf am Pilsensee, Deutschland

Fassaden: Hinterlüftete Fassade mit Lärche-Stülpschalung

Das deutsche Voralpenland hat seine Klischees: Mächtige Berge umgeben mächtige Häuser mit ebenso mächtigen Balkonen. Das mag zwar oft zutreffen, für dieses Einfamilienhaus am Rand des Pilsensees allerdings nicht. Ein Bauträger wollte für seine Tochter und seinen Enkel ein Zuhause schaffen, das als Geldanlage dienen und unter Einbeziehung einer Einliegerwohnung langfristig auch Gewinne einbringen sollte. Das Traumgrundstück war bald gefunden. Bis zum etwas entfernten Nordufer des Sees erstreckt sich allerdings ein geschütztes Moorgebiet, so dass ein breiter Schilfgürtel bis unmittelbar an die Uferbebauung heranreicht. Der Bauherr wollte in gewohnter Weise arbeiten, doch wehrte sich die Tochter gegen eine allzu billige Architektur von der Stange. Sie wollte die Planung an

Lageplan, M 1:3000

ein Architekturbüro vergeben, und so kamen die jungen Architekten vom hausladen zu ihrem Auftrag. Nach den ersten Vorbesprechungen taten sich bald Hindernisse auf, denn die Voraussetzungen des Bebauungsplans, der eine Firstrichtung parallel zur Uferstraße und ein großes Baufenster aufwies, waren ungünstig für eine homogene Einbindung des Hauses in die einmalige Naturszenerie. Der Vorschlag der Architekten, das Haus als lang gestreckten Baukörper mit Orientierung auf den See um neunzig Grad zu drehen, stieß zunächst

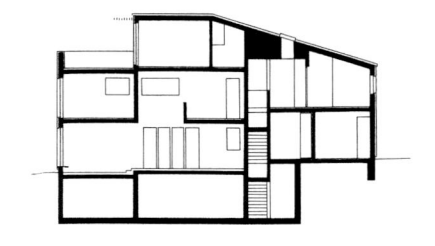

Schnitt

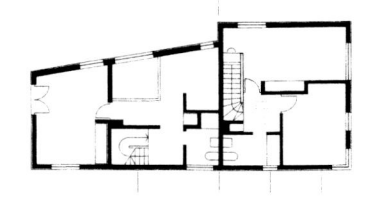

Grundriss Erdgeschoss

auf den Widerstand der Genehmigungsbehörde. Erst ein Lattengerüst mit den geplanten Gebäudeabmessungen als Demonstration in natura konnte die Zweifel zerstreuen, und der Bau konnte beginnen. Das Bauvolumen staffelt sich in zwei Einheiten. Unter einem zur Straße geneigten Pultdach verbirgt sich die Einliegerwohnung mit zwei Geschossen. An der Kommunwand verspringt der zweite Baukörper geringfügig und verjüngt sich um etwa ein Drittel der Breite. Er ist dem See zugewandt und hat drei Geschosse, deren oberstes fast zur Hälfte von einer Dachterrasse eingenommen wird. Zusammengehalten wird das plastisch modellierte Haus von einer durchgehenden Lärchenholzschalung. Die waagrecht als Stülpschalung vernagelten Bretter werden seit dem ersten Tag gleichmäßig bewittert, da kein schützender Dachvorsprung eingeplant ist. Wie eine unauffällige Jagdhütte passt sich das Haus durch die silbergraue Patina mit der Zeit der Schilfvegetation des Moors an.

Blick aus dem Schilf auf die schlanke Hausfront. Das Haus verwächst bereits nach kurzer Zeit mit der Landschaft.

Die Eingangsseite im Nordosten ist noch kaum bewittert.

Die Gebäudeform steht im Widerspruch zu allen oberbayrischen Gestaltungsnormen und ist gerade deswegen dem Grundstück optimal angepasst. Gut beobachten lassen sich die in Fahnen beginnenden Witterungsspuren.

der hausladen 107

Die Patina von Lärchenschindeln

Architekturbüro B&E GmbH, Baumschlager + Eberle, Lochau, Österreich

Einige Baudaten

Projektteam: Michael Ohneberg, Harald Nasahl

Entstehungszeit: 1995–1996

Ort: Nüziders in Vorarlberg, Österreich

Fassade: Massivbauweise mit vorgehängter und hinterlüfteter Fassade aus Lärchenschindeln

Südhänge in den Alpen, wie auch im dicht besiedelten Rheintal oberhalb des Bodensees, sind als Bauplätze geschätzt. Nicht nur die wärmende Sonne, sondern auch der Ausblick auf die umliegenden Berge ziehen die Bauherren an. Die »Zersiedelung der Landschaft«, als Begriff vor nicht allzu langer Zeit geprägt, wurde erst in der Masse zum Problem, hier in den Alpen oft zum Alptraum. Wo vor fünfzig Jahren noch ein paar zerstreute Berghütten und Villen fast verloren wirkten, scheint die Natur heute unter dem Ansturm der »Aussiedler« aus den Ortskernen beinahe erdrückt zu werden. Dass dem Problem nur mit dichterem Wohnen begegnet werden kann, ist mittlerweile auch in den Gemeinderäten bekannt. Dennoch werden immer neue Bauparzellen ausgewiesen, da der Individualismus ungebrochen die Wohnwünsche beeinflusst. Das mittlerweile weit über die Grenzen des kleinen Vorarlbergs hinaus bekannte Architektenduo Carlo Baumschlager und Dietmar Eberle wollte mit seinem Entwurf den Beweis antreten, dass verdichteter Wohnbau durchaus den Vergleich mit Gartenzwerg-Oasen antreten kann, was den dort vermuteten Luxus des Privaten betrifft. Sowohl vom wirtschaftlichen Standpunkt als auch vom städtebaulichen Ansatz her ist das Projekt in Nüziders so optimiert, dass 15 Eigentumswohnungen mit großzügigen Grundrissen und paarweise zugeordneten Eingängen entstehen konnten. Die Attraktivität der Wohnungen liegt auch darin, dass die topographische Lage für die Gliederung in einen langen Gebäuderiegel, der dem Hanggefälle gemäß abgestuft wurde, und einen im Grundriss leicht verdrehten kleinen Baukörper genutzt wurde. Nach Süden auskragende Balkone und Dachterrassen lassen die Bewohner die Atmosphäre beengter und einsehbarer Veranden von Einfamilienhäusern vergessen. Großen Anteil an der Akzeptanz der Flachdach-Baukörper haben

Grundriss des 1. Obergeschosses

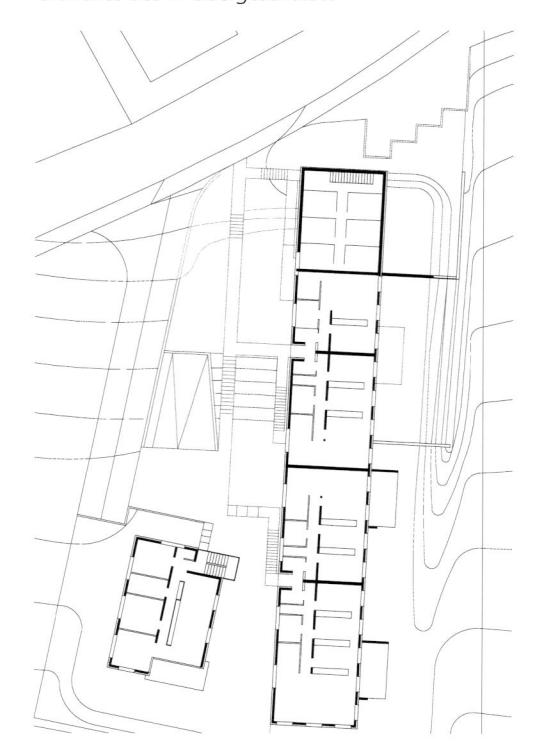

die Lärchenschindeln der Fassaden, die den beiden Gebäuden, da ohne Dachüberstand geplant, durch die Patina den silbergrauen Schimmer würdigen Alters verleihen und keine Berührungsängste auslösen. Regionales Bauen kann sich durchaus der traditionellen Materialien bedienen, ohne sich zwangsläufig einem heimattümelnden Geschmacksdiktat zu unterwerfen. Der von manchen nostalgisch beschworene Heimatschutz hat seinen wahren Sinn gerade darin, den so genannten Zeitgeschmack kritisch unter die Lupe zu nehmen und neue Lösungen anzubieten. Im Hinblick darauf hat das Projekt in Nüziders neben anderen Siedlungen des Büros Baumschlager + Eberle keineswegs an Aktualität eingebüßt.

*Der lange Gebäudekomplex stuft sich mit dem
Gelände ab. Die vorgehängten Treppenläufe
erschließen je zwei Wohnungen.*

An der Südseite kragen überdachte Balkone, die allseits verglast sind, vor den Fassaden aus. Sie dienen als Wärmepuffer, auch Pflanzen können hier überwintern.

Wegen ihres Harzgehalts sind Lärchenschindeln in den Alpen ein jahrhundertelang erprobtes Fassadenmaterial, das als witterungsstabile Verschleißschicht auch an Berghütten in höheren Lagen zum Einsatz kommt.

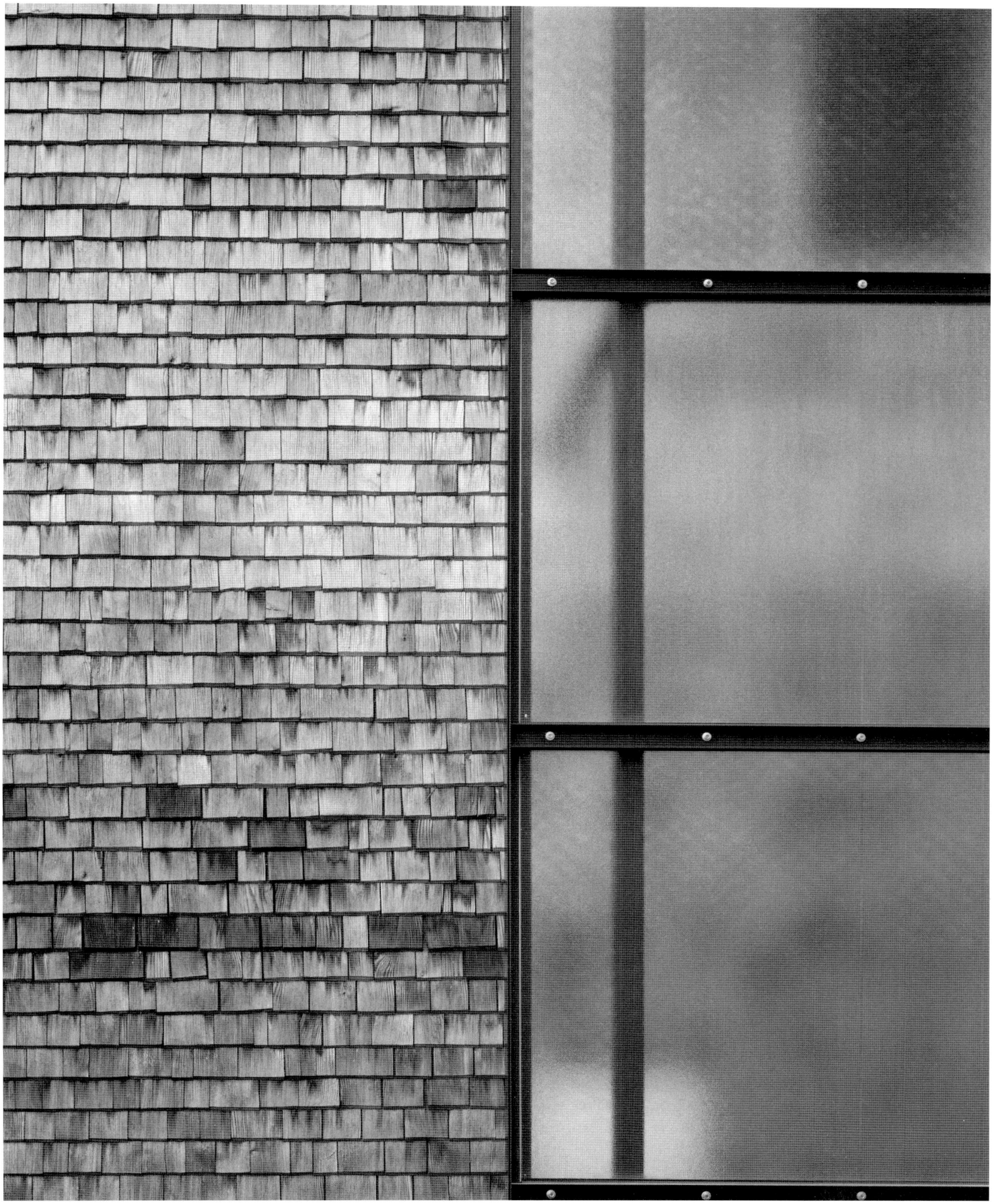

Neues Gerichtsgebäude in patinierter Umgebung

Rebecca Chestnutt & Robert Niess
Architekten, Berlin, Deutschland

Einige Baudaten
Projektleiter: Thomas Becker
Tragwerk: Ing.-Büro Herbert Fink GmbH
Entstehungszeit: 1993–2000
Ort: Bad Liebenwerda, Deutschland
Fassade: Zweischalige Betonwände mit Kerndämmung, variable Holzlamellen vor den Stahl-Glas-Fassaden

Bad Liebenwerda liegt an der Schwarzen Elster, einem Zufluss der Elbe, und wurde Anfang des 20. Jahrhunderts als Kurstadt mit eisenhaltigen Moorbädern bekannt. Erst nach 1989 wurde sich der Ort seiner Attraktion wieder bewusst und man baute ihn als Rehabilitationszentrum aus. Sein mittelalterlicher Wehrturm, der Lubwartturm, Rest einer ehemaligen Wasserfeste, ist eine bekannte Landmarke. Mit dem Umbau und der Erweiterung des Gerichts im ehemaligen Schloss erhielt das Städtchen ein attraktives Pendant zum gegenüber liegenden, mächtigen Turm. Während das Schlossgebäude das Strafgericht aufnahm, sollte das Grundbuchamt im ehemaligen preußischen Hafthaus untergebracht werden. Über den Ruinen des einstigen Gefängnisses sollte zwischen diesen Gebäuden ein Neubau für das Zivilgericht errichtet werden. Den 1993 ausgeschriebenen Wettbewerb konnte das Berliner Architektenteam Rebecca Chestnutt und Robert Niess mit einem städtebaulich prägnanten Entwurf gewinnen. Durch den Abriss eines Großteils der Grundfesten des Gefängnisses konnte die alte Burgfreiung, der Hof vor dem Schloss, sichtbar gemacht werden. Dagegen wurde das preußische Hafthaus aus späterer Zeit als implantierter Solitär aus dem ursprünglichen Kontext ausgegrenzt. Die Flucht der ehemaligen Schlossmauer definiert ein dreigeschossiges Gebäude im Halbkreis. Angebunden an die mittige Flurachse des Schlosses verläuft ein gekrümmtes Atrium mit Glasdach um die zentralen Gerichtssäle, die nach dem Vorbild mittelalterlicher Gerichtslauben von einem über dem Foyer aufgeständerten Würfel symbolisiert werden. Vom Atrium aus werden ra-

Grundriss des Obergeschosses, rechts das alte Schloss, gefolgt vom neuen Zivilgericht und dem deutlich abgesonderten Grundbuchamt im preußischen Hafthaus

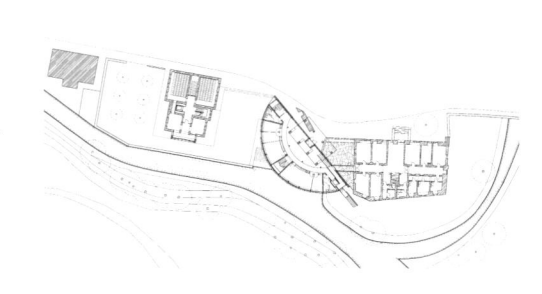

dial Besprechungszimmer und Verwaltungsräume erschlossen, die sich zum unmittelbar davor liegenden Mühlbach und zur Auenlandschaft orientieren. Um den Eindruck einer überdeckten Arkadengasse zu verstärken, wurde ein Bodenbelag aus graublauem Gneis gewählt, der in den Gassen der Stadt allerorten anzutreffen ist. Blank polierte Laufspuren sind großzügig einkalkuliert. Während der zum Teil marode Backstein des Hafthauses nicht restauriert, sondern nur an den schlimmsten Stellen repariert wurde, zeigt das Halbrund des Neubaus noch helles Weiß. Die doppelschaligen Betonwände dieses Neubaus wurden sichtbar gelassen und treten in Kontrast zu der großen Öffnung. Vor den mit grünen Profilen gefassten Glasfassaden bilden horizontale Lamellenbretter einen einfachen Blendschutz bei tief stehender Sonne. Pate für diese Konstruktion standen die ortstypischen Fassaden der alten Gerberhäuser. Die windschief geschnittenen Bretter wurden aus unbehandeltem Lärchenholz gefertigt und sollen grau patinieren. Damit gleichen

Lageplan des Ensembles im städtischen Kontext

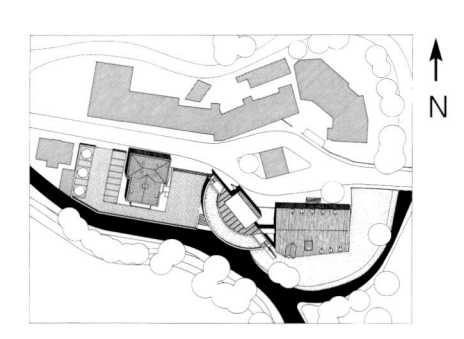

sich Alt und Neu schnell einander an und die alte Burgmauer erlangt wieder symbolische Frische.

Blick vom Mühlbach auf die Gerichtsgebäude: Im Vordergrund die ehemalige preußische Haftanstalt; im Hintergrund ist der Lubwartturm, der Bergfried der alte Veste, zu sehen

Die Mauerreste des alten Komplexes blieben als Erinnerung an den ehemaligen Burghof erhalten. Unter den aufgeständerten Gerichtssälen führt der Straßenbelag in das verglaste Atrium des neuen Zivilgerichts hinein. Die Sichtbetonflächen wurden nur mit feinen Abdeckungen versehen, so dass sie gut bewittert werden können.

Die Lärchenbrett-Lamellen lassen sich bei wenig Sonne komplett hochfahren oder nur kippen.

Kapelle aus Stampflehm

Reitermann & Sassenroth Architekten, Berlin, Deutschland

Einige Baudaten

Mitarbeiter: Cathrin Urbanek

Lehmbau: Martin Rauch, Schlins, Österreich

Tragwerksplanung: Pichler Ingenieure

Entstehungszeit: 1996–2000

Ort: Bernauer Straße Berlin, Deutschland

Fassaden: Innen Stampflehmwände, außen vorgehängte Douglasienlattung

Das Projekt der Kapelle der Versöhnung in Berlin beleuchtet einen wenig rühmlichen Abschnitt deutscher Geschichte. Weil die ehemalige neugotische Versöhnungskirche im »Todesstreifen« der Berliner Mauer stand, den Wachtürmen die Sicht und den Patrouillen den Weg versperrte, wurde sie 1961 gesprengt. Nach der Wiedervereinigung wurde der evangelischen Gemeinde das Grundstück der alten Kirche wieder übereignet und ein Wettbewerb zur Errichtung einer einfachen Gedenkkapelle ausgeschrieben. Die beiden jungen Architekten Rudolf Reitermann und Peter Sassenroth überzeugten mit einer organischen Lösung aus zwei ineinander steckenden elliptischen Schalen, in denen sich die Achse des alten Kirchenschiffs und eine neue exakt nach Osten orientierte Ausrichtung überlagern. Die gegeneinander verdrehten eiförmigen Wandringe ergeben einen umlaufenden Wandelgang mit unterschiedlicher Breite, der den Versammlungsraum umfängt. Kaum etwas war von der alten Kirche übrig geblieben, und das wenige wurde anekdotisch wieder in die Kapelle eingefügt. Auffällig ist das in eine hell verputzte Nische aus dem eigentlichen Raum gerückte Retabel, eine Holzarbeit aus dem 19. Jahrhundert, die in Spolien-Lagern wiederentdeckt wurde. Im Boden vor dem Altarbild gibt ein Panzerglasfenster den Blick in den ehemaligen Keller der Kirche frei. Die alten Kultgegenstände wirken eher wie Zitate in dem mächtigen Rund, das sich bei näherem Hinsehen als Lehmmauer entpuppt. Ursprünglich hatten die Architekten einen dicken Betonkörper geplant, der allerdings auf Wunsch der Gemeinde nicht zur Ausführung kam. Boden, Wände und selbst der Altar wurden unter Anleitung und Planung des Lehmbauers Martin Rauch in vielen Schichten aus Lehm gestampft. Die farblich changierende Oberfläche entstand durch Zuschläge aus Ziegelsplitt des Vorgängerbaus. Die fühlbare Wärme des Lehms soll ermöglichen, dass die Gläubigen beim Gottesdienst in dem ungeheizten Sakralraum manchmal auch sitzen können. Der Zugang zum Raum gegenüber dem Altar wird von einem mit Kupferblech bekleideten Würfel gebildet, der etwas verdreht in der Stampflehmwand steckt. Den zentralen Körper umfängt außen ein luftumspülter Lattenschirm, der an der Dachkonstruktion hängt. Die Douglasienlatten sind unbehandelt und werden, da sie nicht durch das Dach abgeschirmt werden, sicher rasch silbergrau patinieren. Außen vor der Kapelle liegt ein ebenfalls mit Holzlatten eingehaustes niedriges Nebengebäude. Der Platz, der sich dazwischen aufspannt, entspricht in etwa der Dimension des alten Kirchenschiffs. Als Zitat der jüngsten Vergangenheit durchschneidet der ehemalige betonierte Patrouillenweg das schotterbedeckte Karree.

Lageplan

Grundriss der Kapelle

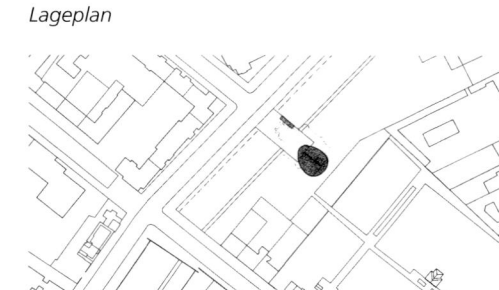

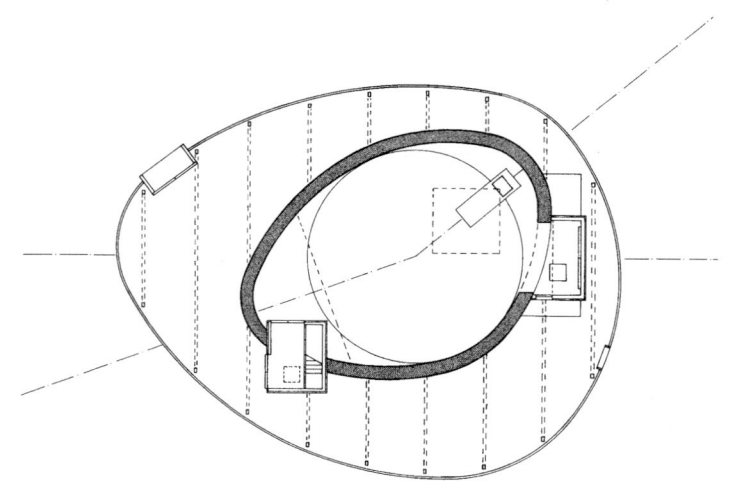

Douglasienlatten hüllen den Bau ein. Im Vordergrund verläuft der ehemalige Patrouillenweg.

Den Eingang zum Versammlungsraum bildet ein aus der fünfzig Zentimeter dicken Stampflehmwand herausgedrehter Kupferblech-Kasten.

Wände, Boden und Altar vermitteln ein haptisches Urerlebnis. In der Nische im Hintergrund befindet sich das Schnitzretabel aus der Vorgängerkirche.

Schwimmbad mit Reetdach

Ushida Findlay Architects, London, Großbritannien

Einige Baudaten
Projektleiter: Kathryn Findlay
Tragwerk: Ove Arup & Partners
Entstehungszeit: 1998–2001
Ort: Pulborough, Südengland
Dach: Reetdach mit Bambushaltern und versenkten Pflanztrögen am First

Die Architektin Kathryn Findlay war lange Jahre in Japan tätig gewesen, bevor sie mit ihrem japanischen Partner in London ein Büro eröffnete. Die Architektur von Ushida Findlay ist dem organischen »Weichen und Haarigen«, wie es manche ihrer utopischen Projekte sogar im Namen tragen, verpflichtet. Kühles Hightech wird jedoch nicht ausgeschlossen. Eher zeichnet das »Crossover«, die Vermischung der Moderne mit dem Archaischen, ihre bisherigen Arbeiten aus. Dieses Unerwartete, gegen den Strich Gebürstete, bestach ihre Bauherren, als sie Arbeiten des Büros in Japan kennen lernten. So wandten sie sich für die Erweiterung ihres Landhauses aus dem 16. Jahrhundert um ein überdachtes Schwimmbad an das junge Büro. Die traditionelle japanische Bauweise stand als Inspiration im Hintergrund des Entwurfs. Findlay hatte an der Universität von Tokio über die verloren gegangene Kunst der Reetdeckung »shibamune« – das bedeutet in etwa »grüner First« – geforscht. Früher wurden unbeschnittene Schilfgarben mit den Wurzeln zuoberst als Firstabschluss verwendet, darauf pflanzte man Blumen. Auf die gleiche Weise wurden an traditionellen Häusern in der Normandie Firstgrate durch Anpflanzen von Iris gesichert. Diese Idee griffen Ushida Findlay auf und änderten sie etwas ab: Den First krönt ein Glasoberlicht, neben dem zu beiden Seiten in versenkten Trögen Blumen und Kräuter angesät wurden. Eine gekurvte Trauflinie beschreibt das traditionell gedeckte große Reetdach, das nur auf ein paar Stützen ruht. Darunter verbirgt sich das Schwimmbad hinter einer dreiseitigen rahmenlosen Verglasung. An der Nordseite wird es von einer alten Steinmauer begrenzt. Unmittelbar angrenzend befindet sich das Haupthaus. Der Boden, in den das blau gefliese Schwimmbad und ein Jacuzzi eingelassen sind, besteht aus neutralem, hellem Sandstein. Großes Augenmerk wurde auf die Untersicht des Raums gelegt. Unterbrochen von drei gebauchten Leimbindern kurven sich die beiden Dachschrägen zum Firstoberlicht empor. Um negative Einwirkungen des aufsteigenden Wasserdampfs zu vermeiden, bestehen die Untersichten aus Barisol, einer gespannten Polyester-Zeltbahn. Zusätzlich sorgt eine mechanische Lüftungsanlage für ein kontrolliertes Binnenklima. Innen also Hightech, außen Archaik. Das Dach wird mit der Zeit eine graue Patina annehmen, die jedoch nichts über seine Haltbarkeit aussagt. Nach der Erfahrung des auf Reetdächer spezialisierten Dachdeckers John Hall, der dieses Dach herstellte, sind gut gebaute Reetdächer sehr dauerhaft. Während Schilf fünfzig Jahre hält, liegt die Lebensdauer von Stroh bei nur zwanzig bis fünfundzwanzig Jahren. Zum Vergleich: Zink- oder Kupferbleche halten ebenfalls vierzig bis fünfzig Jahre.

Detailskizze der Pflanztröge neben dem Firstoberlicht

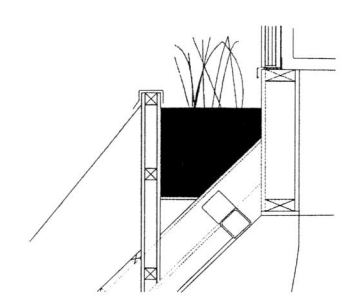

Grundriss des überdachten Schwimmbads

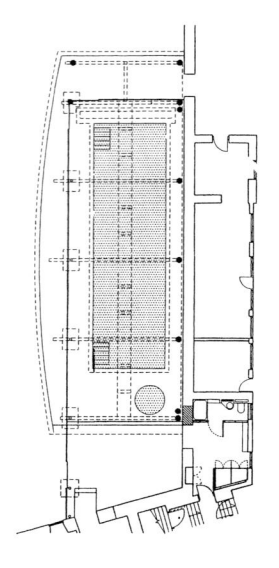

Blick von der Nordseite auf die alte Gartenmauer und das dahinter liegende Reetdach mit dem Firstoberlicht. Die ersten Pflanzen lugen bereits aus den neben dem First versenkten Blumentrögen.

Blick in das Schwimmbad mit der bauchig gespannten Zeltbahn-Untersicht. Die Tragkonstruktion der kurvig geschnittenen Parallam-Leimträger lastet fast unmerklich auf einigen wenigen Stahlstützen auf, damit der Blick in den Garten durch die großen Glasflächen unverstellt bleibt.

Die filzig raue Struktur des Reetdachs verschmilzt optisch mit dem Strandhafer des Gartens, der von der Gartendesignerin Gertrude Jekyll gestaltet wurde.

Akademie mit Korbbalkonen

Architekturbüro Prof. Lederer, Ragnarsdottir, Oei, Stuttgart, Deutschland

Einige Baudaten
Projektleiter: Matthias Schirrmacher
Mitarbeiter: Andy Brauneis, Christine Dom, Stefanie Lempart
Tragwerk: Ingenieurbüro Bewer, Neuhausen, Frankreich
Entstehungszeit: 1996–1999
Ort: Stuttgart-Hohenheim, Deutschland
Fassade: Verputzter Massivbau, Hofmauer aus Abbruchziegeln, Balkonbrüstungen aus Korbgeflecht

Die Katholische Akademie in Stuttgart, gegenüber dem Botanischen Garten gelegen, hat eine bevorzugte Lage in der Stadt. Für die Erweiterung des Tagungsgebäudes um 24 Zimmer, einen Saal, eine Kapelle und einige untergeordnete Räume war das sich verjüngende Parkgrundstück zu eng, wollte man die orthogonale Ausrichtung des Altbaus aufnehmen. Man hätte nicht alle Zimmer auf den alten Baumbestand und die sichtbaren Reste des »Petit Trianon«, eines ehemaligen Lustschlosses der Franziska von Hohenheim, ausrichten können. Der Entwurf der Architekten löste das Problem durch einen langen Baukörper, der sich in einer doppelt geschwungenen Kurve, etwas abgesetzt vom Bestand, über die zur Verfügung stehende Grundstückslänge erstreckt. Die Polarität der beiden Baukörper – hier der gerasterte Block aus den sechziger Jahren und dort die amorph geschwungene Schlange – wird versöhnt durch eine im Grundriss lineare, in der Ansicht jedoch abgestufte Verbindungsmauer entlang der Straße. Sie fasst einen neu geschaffenen Innenhof, dessen Ruhepol ein mittig gepflanzter Apfelbaum symbolisch verstärkt. Die Mauer aus recycelten Klinkersteinen wurde in Anlehnung an den grobkörnigen, weiß gekalkten Putz des Neubaus ebenfalls roh belassen. Geschickt wird Patina hier als historisches Fundstück und Zitat eingebracht. Wichtiges Erkennungszeichen, dass es bei dem Gebäude um ausgewählte Qualität auch im Hinblick auf eine ökologische Verträglichkeit geht, sind die Balkone, deren bauchige Brüstungen mit lasiertem Weidengeflecht ummantelt wurden. Die Serie der auf zwei Geschossen auskragenden Körbe betont die weiche Wellenform der Fassade zusätzlich. Auch das Gebäudeinnere, im Erdgeschoss mit dem Bestandsbau verbunden, ist einem schlüssigen Materialkonzept unterworfen. Alle Oberflächenmaterialien wurden nach den Wünschen und dem Motto der Bauherren »Ökologie bedeutet Achtung vor der Schöpfung« ausgewählt. Im Bereich des Anschlusses an den Altbau beleuchten Oberlichtsheds das Foyer mit seinen weiß lasierten Betonwänden und Marmorböden. Der S-Kurve des Gebäudes folgend führt ein Flur, dessen Fenster zum Innenhof weisen, zur Kapelle am Ende der »Schlange«. Diese ist wie eine Schmuckschatulle aus glatten Holzpaneelen in das nüchtern gehaltene Betongehäuse eingesetzt. Die Treppen zu den Hotelzimmern liegen an der Nordfassade als ausgestülpte Baukörper. Die knappen Dachüberstände weisen darauf hin, dass mit dem Einwirken der Zeit und mit Patina wohlwollend gerechnet wird.

Längsschnitt durch das Gebäude, links der Altbau, rechts die Erweiterung

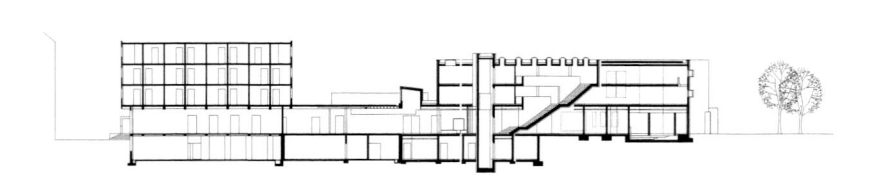

Grundriss 1. Obergeschoss

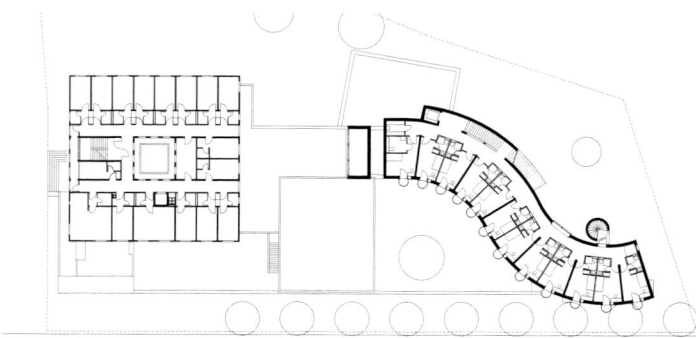

Blick von Osten auf die geschwungene Fassade des Neubaus; links im Hintergrund der Altbau. Die Mauer im Vordergrund wurde aus recycelten Klinkern hergestellt.

Blick in das Foyer mit dem Oberlichtshed am Übergang zum Altbau. Die unverputzten Betonoberflächen wurden nur weiß lasiert.

Rundprofile bilden das Traggerüst der Brüstungen aus Weidengeflecht. Gegen allzu rasche Verwitterung wurden die Ruten mit farbloser Lasur imprägniert.

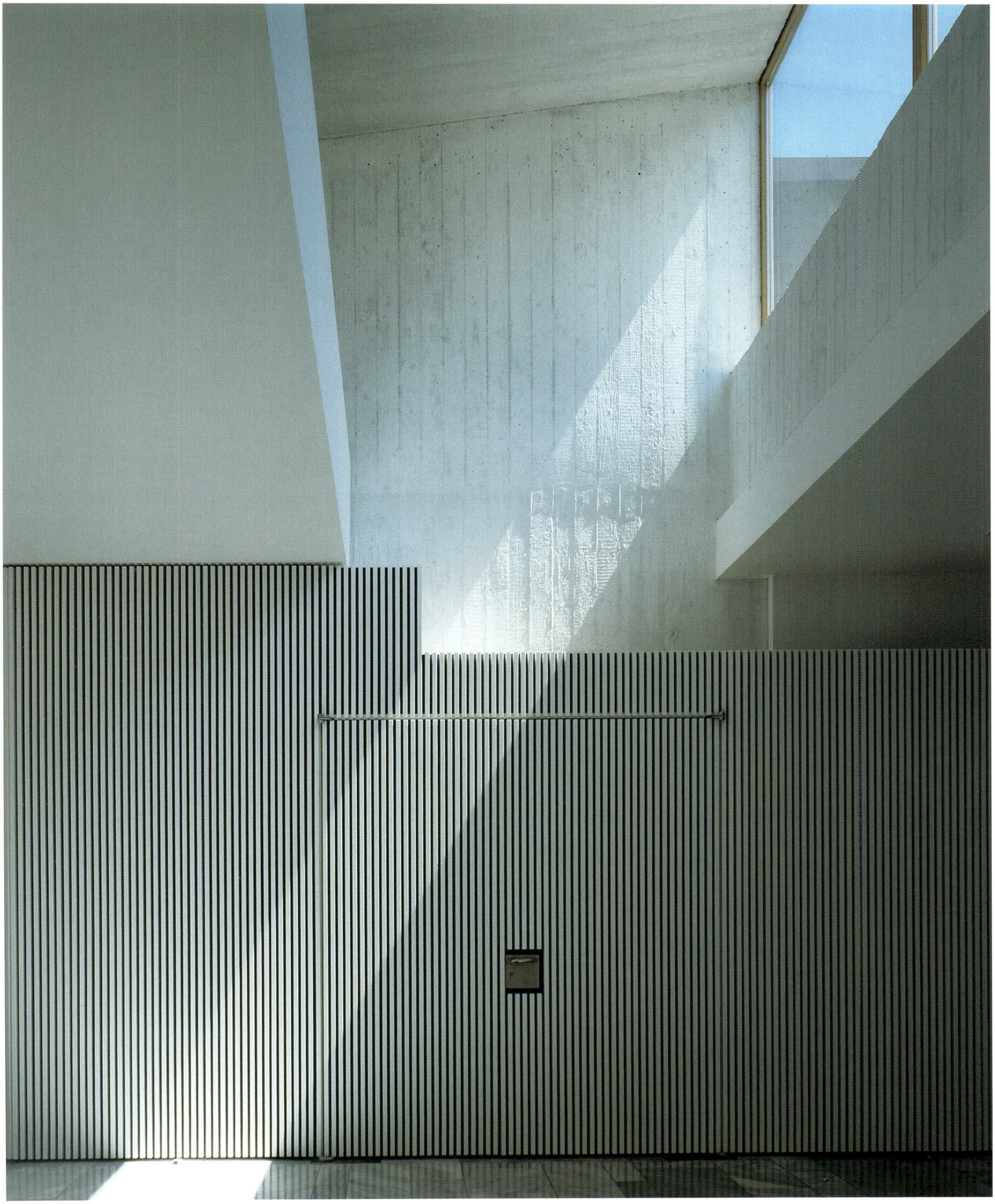

Besucherzentrum im ehemaligen Schafstall

Anderhalten Architekten, Berlin, Deutschland

Einige Baudaten

Mitarbeiter: Henning von Wedemeyer, Hubertus Schwabe, Christiane Giesenhagen, Michael Schröder

Tragwerk: AIP Ingenieurgesellschaft, Schöneiche

Entstehungszeit: 1996–1999

Ort: Schloss Criewen, Brandenburg, Deutschland

Fassade: Ziegelmauerwerk mit Putzresten; Vorhangfassade mit Weidengeflecht

Das Landgut Schwedt ist Zentrum des Nationalparks Unteres Odertal in der Nähe der Stadt Stettin. Zur Präsentation des Naturraums sollte ein zu Beginn des 19. Jahrhunderts gebauter, ehemaliger Schafstall zu einem Ausstellungsraum werden. Der ursprünglich eingeschossige Ziegelbau war über einem Feldsteinsockel errichtet worden, später wurde der Bau für die Tabaktrocknung mit einem Satteldach aufgestockt. Diese Nutzung ist noch an variabel drehbaren Holzlamellen abzulesen. Da das Gebäude jahrelang leer stand, war die Substanz stark geschädigt. Das gesamte Dach und das Holztragwerk mussten wegen Schwammbefalls entkernt werden. Nur das Ziegelmauerwerk der Außenwände und die Holzlamellen des Obergeschosses konnten erhalten werden. Der Außenputz war nur noch rudimentär vorhanden. Gerade dessen Patina machte aber den Reiz für die Architekten aus, deren Entwurfsansatz den »bedingungslosen Erhalt des Morbiden« zum Primat erhob. Die historische Substanz wurde in dem Bewusstsein, dass das Mauerwerk aufgrund seiner hygroskopischen Eigenschaften mürbe bleiben würde, weitgehend erhalten und innen wie außen freigelegt, so dass eindringende Feuchtigkeit sofort verdunsten kann. Eine verzinkte Stahlkonstruktion wurde für das neue Tragwerk gewählt; alle übrigen Stahlteile wie Windfänge, Galerien, Treppen und Fensterprofile wurden ebenfalls verzinkt. Die Zinkoberflächen entwickeln eine graue Patina, die in deutlichem Kontrast zum verwitterten Ziegelmaterial steht. Wegen des hohen Grundwasserpegels »schwebt« die Ausstellungsebene aus Eichenbohlen über dem alten Bodenniveau. Den einzigen Einbau stellt ein mit Faserzementplatten verkleideter Kubus dar, in dem sich Technik- und Sanitärräume befinden. Über drei Windfänge, die in die ehemaligen Toröffnungen wie Schubladenkästen eingeschoben sind und nur bei geöffneten Stalltoren sichtbar werden, betritt der Besucher die Ausstellung.

So offenbart das Gebäude seine neue Bestimmung erst unmittelbar an der Schwelle. Äußeres und einzig sichtbares Zeichen für die neue Nutzung ist ein Vorhang aus Weidenruten, dessen Bautechnik an den Deichbau der Oderpolder erinnert. Versuche mit Metallgeweben oder gläsernen Fassaden waren ästhetisch ungeeignet, als Schutz der porösen Mauern vor Schlagregen einerseits und andererseits als Tageslichtfilter zu dienen. Das archaische Material hingegen fügt sich gut in den alten Kontext ein. Das Weidengeflecht wurde in verzinkte Stahlrahmen geflochten. Die Weidenruten sind mit Rinde luftumspült verbaut, so dass Feuchtigkeit abtrocknen kann. Zunächst grün, dann braun, später schwarz und zuletzt silbern – die Weidenruten wandeln ihre Farbe und behalten doch lange ihre Festigkeit.

Grundriss Erdgeschoss

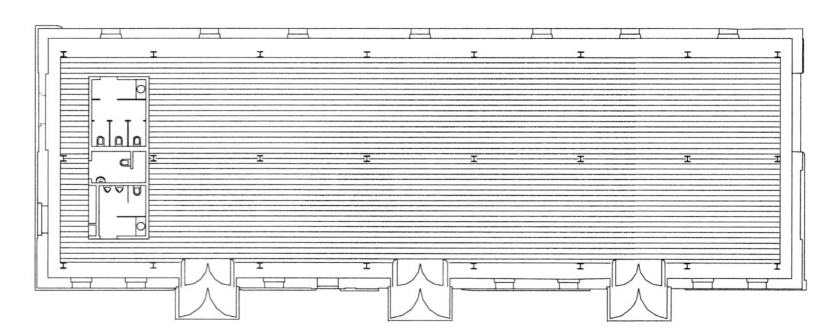

Hauptansicht mit den verschiebbaren Weidengeflechtrahmen

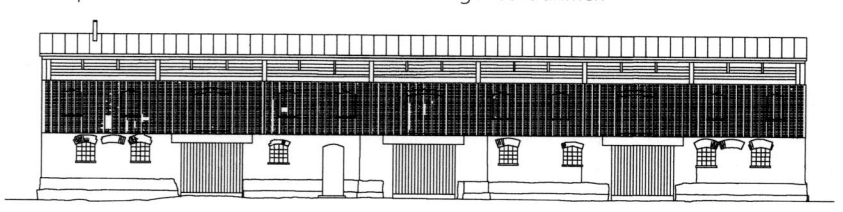

Die Weidenruten wurden in traditioneller Technik mit verzinkten Stahlrahmen verflochten. Die großen Elemente lassen sich als Sonnen- und als Witterungsschutz vor den Fassaden verschieben.

Innen wurde der ehemalige Stall entkernt und mit einem Stahltragwerk wieder ausgefacht, wobei die alte Zwischendecke entfallen konnte.

Die Aura des alten Schafstalls ist immer noch spürbar. Blick auf die über vierzig Meter lange Frontseite mit den drei Eingängen.

Anderhalten Architekten

Nachhaltiges Wohn- und Bürohaus

Wigglesworth Architects, London, Großbritannien

Einige Baudaten

Planung: Sarah Wigglesworth, Jeremy Till

Bauleitung: Gillian Horn, Michael Richards

Tragwerk: Price and Myers; Nick Hanika, Andy Heyne, Richard Seville

Planungsberatung: Peter Kyte associates

Entstehungszeit: 1997–2001

Ort: Stock Orchard Street, Islington, London

Fassaden: Sandsäcke vor Pfostenriegelkonstruktion als Schallschutzwand, Gewebe aus silikonbeschichteten Fiberglasfasern und integrierter Wärmedämmung, Strohballen mit Skobalit- und Wellblechverkleidung

Lange bevor das Wohn- und Bürohaus in der Londoner Stock Orchard Street fertig gestellt war, wurde es durch seinen kompromisslosen Entwurfsansatz bekannt. Das Baugrundstück liegt am Ende einer Sackgasse mit viktorianischen Backsteinhäuschen, direkt angrenzend an die Hauptbahnstrecke von London nach Schottland. Die Schmiede auf dem Gelände musste abgerissen werden. Die beiden Planer setzten auf das Thema Nachhaltigkeit bei der Umsetzung ihrer Ideen. Das L-förmige Gebäude mit einem aufgeständerten Büroquerriegel ist nach hinten abgeflacht. Der zweigeschossige Bürotrakt in leichter Holzrahmenkonstruktion liegt auf acht Pilastern aus Betonbrocken, die in Eisenkorbgeflechten gehalten werden und aus dem Abbruch der Schmiede stammen, auf. Zusätzlich mindern schwingungsdämpfende Federn Lärm und Erschütterungen der im Zehnminutentakt vorbeidonnernden Züge. Die Fassade zur Bahnlinie gibt sich bis auf wenige, von alten Eisenbahnschwellen gerahmte Fenster geschlossen. Übereinander gestapelte, an der Fassade gehaltene Sandsäcke, deren Vorbild die Architekten in einem Foto von einem während der Kriegszeit von Sandsäcken geschützten Londoner Kaffeehaus sehen, schlucken den Schall. Der im rechten Winkel an das kopfseitige Bürogebäude anschließende Wohntrakt wird von einem Bücherturm gekrönt, der auf Grund seiner Kaminwirkung auch dem schnellen Luftaustausch dient. Ebenfalls aufgeständert, neigt sich das schräge, begrünte Dach lang gezogen nach Westen. Die dem Hof zugewandte Bürofassade wurde mit einem Gewebe aus silikonbeschichteten Fiberglasfasern, wie sie auf den Ölplattformen in der Nordsee verwendet werden, verkleidet. Ein Segelmacher hat die rückwärtige Isolierung mit einer zusätzlichen Textilschicht als Halterung zu einem kompakten Baumaterial vernäht. Den Architekten ging es darum, dem bei Bürogebäuden üblichen modernistisch auftrumpfenden Gebaren der glatten Stahlaluminium-Fassaden mit einer eher »weiblichen«, weichen und patinierenden Oberfläche entgegenzutreten. Die hauptsächlich nach Süden auf den Garten orientierte Wohnhausfassade ist großzügig aufgeglast. Ein aus der Baukörperflucht ausgeklappter Erker, dessen profilierte Front mit horizontalen Holzbrettern verkleidet ist, verbirgt die dahinter liegende Küche. Durchblick erlauben nur kleine waagrechte Fensterschlitze. Für den rückwärtigen Schlaftrakt kam das billigste Isoliermaterial, das es auf dem Markt gibt, zum Einsatz: Stroh. Das Traggerüst besteht aus stahlverspannten Leitern, innen wurden die Strohballen mit Lehm verputzt, außen gegen Witterungseinfluss mit Wellblech und Skobalit verkleidet. Die pragmatische Art, mit Materialien umzugehen, bedeutet für die beiden Architekten auch das Akzeptieren ihrer Vergänglichkeit.

Gabionen halten aus dem Abbruch des Vorgängergebäudes stammende Betonbrocken in Form von Stützpfeilern, auf denen das Bürogebäude, abgefedert durch Schwingungsdämpfer, ruht.

Die dem Gartenhof zugewandte Bürofassade ist mit einem Glasfasergewebe verkleidet. Unter dem Gewebe liegt eine von einem Segelmacher vernähte Isolierungsschicht.

Blick vom Gartenhof auf den beleuchteten Wohntrakt mit dem Bücherturm. Im Vordergrund ist das zweigeschossige Schlafgebäude sichtbar, das mit Strohballen gedämmt wurde.

Wigglesworth Architects

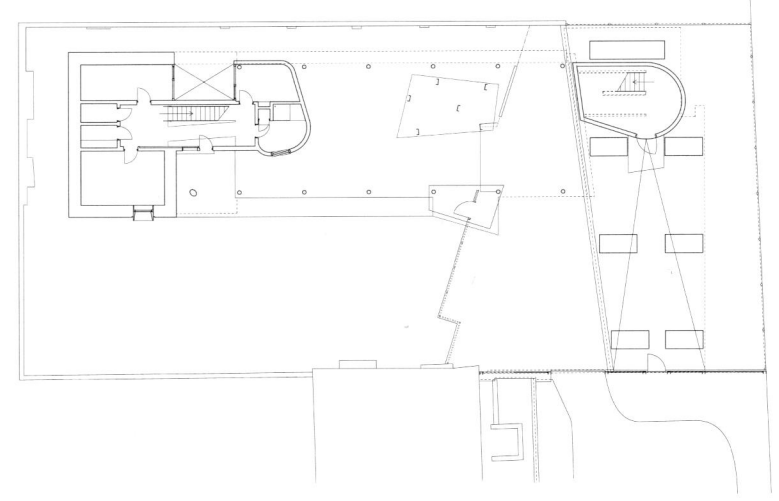

Grundriss Erdgeschoss, M 1:400

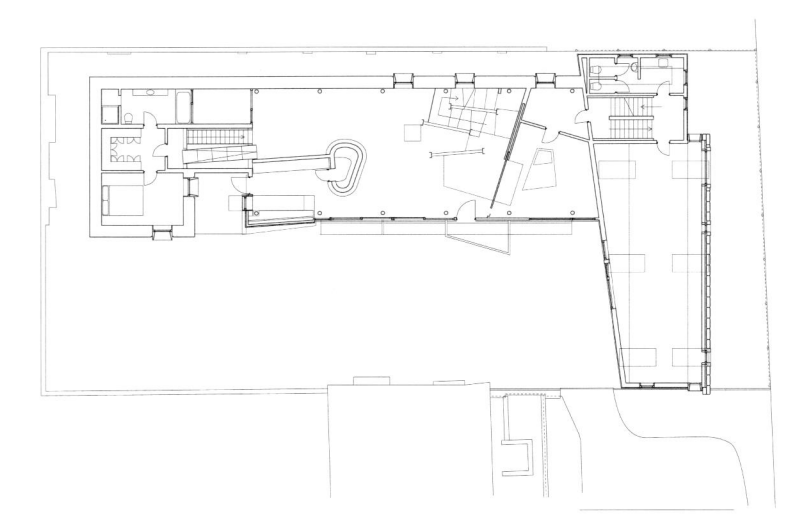

Grundriss Obergeschoss, M 1:400

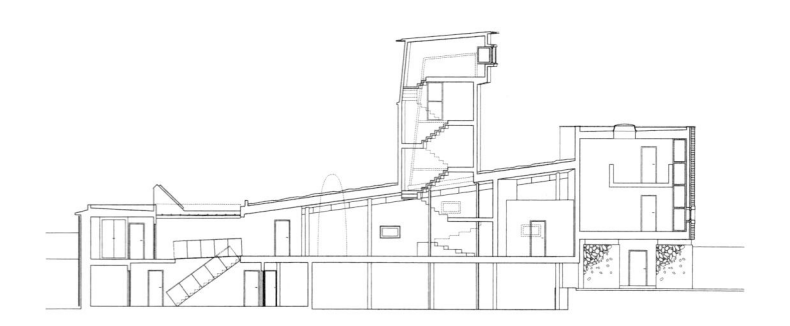

Schnitt, M 1:400

Um den Lärm und die Erschütterungen der angrenzenden Eisenbahn zu mindern, wurden mit Sand und Abbruchmaterial gefüllte Säcke vor die Fassade gehängt. Die Fensteröffnungen wurden mit Rahmen aus Eisenbahnbohlen frei gehalten.

Wigglesworth Architects 127

Ein Haus aus Recycling-Bauteilen

Panu Kaila, Helsinki, Finnland

Einige Baudaten
Bauherr: Arto Uunila
Entstehungszeit: 1992–1995
Ort: Bei Loimaa, Finnland
Fassade: Recycelte Hölzer, Fenster, Wände und Ziegelsteine

Der Bauherr, der eine der ältesten Farbfabriken in Finnland betreibt und sich mit ökologischer Fassadenbehandlung befasst, wollte für sich ein gesundes Haus nach alten finnischen Bautraditionen errichten. Es sollte ganz ohne Folien und Latexfarben, ohne Glaswolle und andere Kunststoffe auskommen, da deren teilweise negative Auswirkung auf die Gesundheit dem Farbenhersteller mehr als geläufig ist. Mit dem Architekten Panu Kaila, der sich im Rahmen eines Forschungsprojekts am staatlichen Museum mit alten Bautechniken befasste, verband ihn eine Freundschaft, die zum Auftrag für ein giftfreies Repräsentationsgebäude auf einem leicht bewaldeten Grundstück in der Nähe des Flusses Kokemäenjoki führte. Die Räume des Hauses sollten für Empfänge, Konzerte und andere gesellschaftliche Ereignisse geeignet sein, aber auch private Rückzugsmöglichkeiten bieten. Nähert man sich von Süden, wirkt ein drei Geschosse hoher Turm als markantes Signet. Um diesen Turm gruppieren sich in Form einer Assemblage mehrere unterschiedlich gestaltete, flache Baukörper. So manchen Puristen wird solche Formenvielfalt zunächst irritieren. Auf den zweiten Blick erkennt man aber das Prinzip hinter dieser Gestaltung: Recycling. Mit Verve und Sammelleidenschaft hatten sich Bauherr und Architekt auf die Suche nach unbehandelten alten Bauteilen gemacht, die sich zur Verwendung in dem neuen Gebäude eigneten. Bereits am Eingang finden sich mit finnischem Holzteer getränkte Schindeln als Dachdeckung. Sie stammen von alten Kirchendächern, die Backsteine der mächtigen Wand des runden Eingangsfoyers aus dem Abfall einer Ziegelfabrik. Im Inneren wird der Besucher von einem vielgliedrigen Raum empfangen: Rechter Hand täuscht ein Flur, an den sich die Privaträume anschließen, mit perspektivischer Verkürzung größere Weite vor. An der Front verjüngt sich ein konisch zulaufender Essraum mit angegliederter Küche. Um ein paar Stufen abgesenkt, weitet sich der Raum zu einer fast sechs Meter hohen Halle mit einem offenen Kamin als Zentrum. Grün geschälte Baumstamm-Stützen tragen eine ansteigende Deckenschräge, an deren Ende die Südwand fast vollständig verglast ist. Die Brüstungswand, hinter der sich die Treppe zu einer Empore, die bei Musikveranstaltungen benutzt wird, verbirgt, stammt aus einem abgebrochenen Kontorshaus. Ungläubigen Geschäftspartnern erklärt der Bauherr angesichts der verwitterten Blockbohlen: »Farbe ist Dekoration, gutes Holz braucht keinen Schutz.« Im Anschluss an die Halle finden sich zwei weitere Außentüren, deren eine auf eine große Terrasse führt. Geradeaus gelangt man weiter zu einem kleinen Musikzimmer, darüber liegt ein Gästezimmer, das dem Architekten, wenn er an der Universität in Tampere Vorlesungen abhält, als Aufenthalt dient. Über diesem Raum liegt eine allseits verglaste Aussichtskanzel mit Blick auf die Wälder und den Fluss.

Die Villa Uunila liegt in der abgeschiedenen Stille finnischer Wälder. Links der bereits silbrig patinierte Aussichtsturm, gefolgt vom sakral wirkenden Schiff der Musikhalle mit dem großen Südfenster, rechts im Hintergrund ist der Eingangsbau zu sehen.

Der niedrige Turm über dem Eingang ist aus recycelten Ziegeln gemauert. Das Vordach wurde mit Holzschindeln gedeckt, die ebenfalls mit Holzteer getränkt sind.

Die Boden-Deckelschalung des Turmes ist abwechselnd aus gehobelten und ungehobelten Fichtenbrettern gefügt. Damit sollen unterschiedliche Patinierungsvorgänge studiert werden.

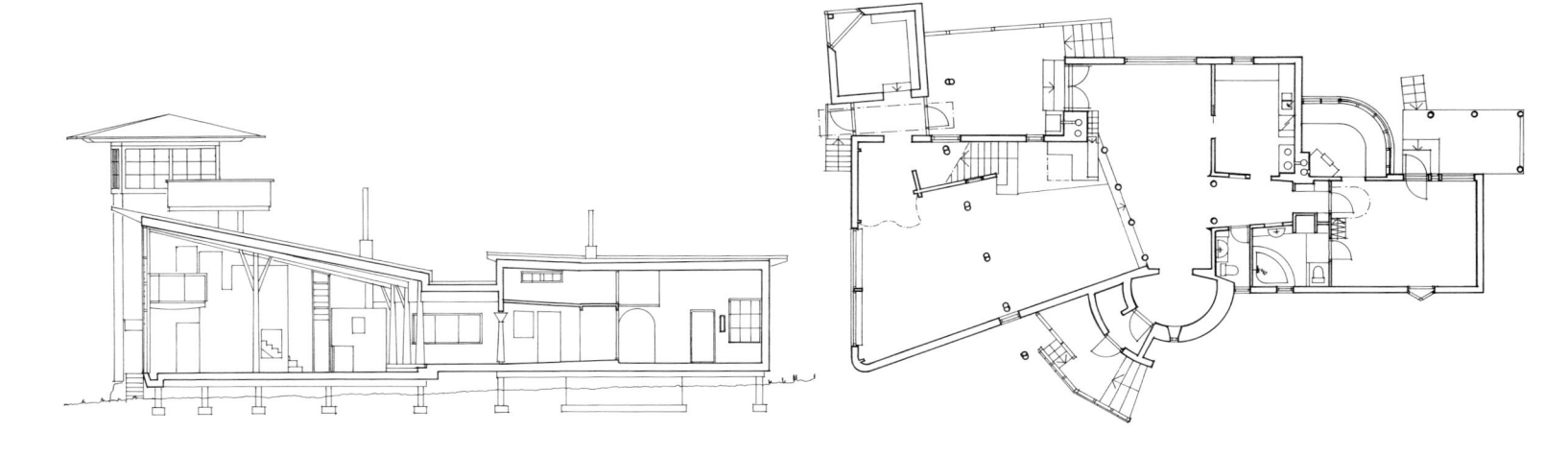

Längsschnitt durch das Gebäude, links der öffentliche Teile, rechts die Privaträume

Grundriss des Gebäudes. Mittig von unten der Eingangsbau, rechts die Privaträume, links die große Halle, der Turm zeichnet sich links oben ab.

Die Terrasse vor den Privaträumen ist mit recycelten Bohlen gedeckt und mit finnischem Holzteer, einem in ganz Skandinavien geschätzten Produkt der Firma des Bauherrn, behandelt.

Eine alte Rahmentür mit gestemmten Füllungen findet als Nebeneingang neue Verwendung. Gleichzeitig dient sie dem Farbfabrikanten als Untersuchungsobjekt für den graduellen Fortschritt der Patina.

Die Innenverkleidung der Halle wurde wellenförmig aus Birkendielen gefräst, um das Licht des großen Fensters natürlich zu streuen.

Die großen Säulen der Halle wurden auf dem Baugrundstück gefällt und behutsam vor Ort geschält, so dass keine Trocknungsrisse auftreten.

Ausgewählte Literatur

Aicher, Otl: Die Welt als Entwurf. Ernst & Sohn: Berlin 1992

Arch+, Nr. 138: Mehr ist anders. Aachen 1997

Architektenkammer Hessen, Rolf Toyka (Hrsg.): Patina. Junius: Hamburg, Berlin, Dresden 1996

Baus, Ulrike und Klaus Siegele: Holzfassaden. DVA: Stuttgart, München 2002

Benevolo, Leonardo: Geschichte der Architektur des 19. und 20. Jahrhunderts. DTV: München 1978

Benjamin, Walter: Das Passagen-Werk. Suhrkamp: Frankfurt a. M. 1982

Berger, John (Hrsg.): Das Kunstwerk. Wagenbach: Berlin 2000

Bergson, Henri: Materie und Gedächtnis. Neuauflage, F. Meiner-Verlag: Hamburg 1991

Brachert, Thomas: Patina. Vom Nutzen und Nachteil der Restaurierung. Callwey: München 1995

Cache, Bernard: Earth Moves. The Furnishing of Territories. MIT Press: Cambridge 1995

Daidalos, Architektur-Kunst-Kultur, Heft 56/57: Magie der Werkstoffe I + II. Bertelsmann: Gütersloh 1995

D´Eramo, Marco: Das Schwein und der Wolkenkratzer. Kunstmann: München 1996

Flusser, Vilém: Die Revolution der Bilder. Der Flusser-Reader. Bollmann: Mannheim 1995

Goldsworthy, Andy: Zeit. Zweitausendeins: Frankfurt a. M. 2001

Graf, Anton: Einfamilienhäuser aus Backstein. Callwey: München 1998

J. M. Huberty: Fassaden in der Witterung. Bau und Technik: Düsseldorf 1998

Jencks, Charles: The Architecture of the Jumping Universe. Academy Editions: London 1997

Jun'ichiro, Tanizaki: Lob des Schattens. Entwurf einer japanischen Ästhetik. Manesse: Zürich 1992

Koren, Leonard: Wabi-sabi für Künstler, Architekten und Designer. Wasmuth: Tübingen 1995

Lampugnani, Vittorio Magnago: Architektur als Kultur. Die Ideen und Formen. DuMont: Köln 1986

LePuil, Roger: Die Technik des Patinierens und der Imitation. Fischer: Frankfurt a. M. 1996

Loidl-Reisch, Cordula: Der Hang zur Verwilderung. Picus: Wien 1992

Mitscherlich, Alexander: Die Unwirtlichkeit unserer Städte. Anstiftung zum Unfrieden. Suhrkamp: Frankfurt a. M. 1976

Moewes, Günther: Weder Hütten noch Paläste. Birkhäuser: Basel, Berlin, Boston 1995

Neumeyer, Fritz: Quellentexte zur Architekturtheorie. Prestel: München, Berlin, London, New York 2002

Noever, Peter (Hrsg.): Tyrannei des Schönen. Prestel: München 1994

Pawley, Martin: Theorie und Gestaltung im Zweiten Maschinenzeitalter. Bauwelt Fundamente 106. Vieweg: Braunschweig 1998

Piltz Herbert, S. Härig, W. Schulz: Technologie der Baustoffe. Lüdecke: Haslach 1982

Posener, Julius: Was Architektur sein kann. Neuere Aufsätze. Birkhäuser: Basel, Berlin, Boston 1995

Sack, Manfred: Götter und Schafe. Birkhäuser: Basel, Berlin, Boston 2000

Schrader, Mila: Vom Reiz der Patina. Edition anderweit: Suderburg 2003

Schmidt, Burghart: Postmoderne-Strategien des Vergessens. Luchterhand: Darmstadt 1986

Stoeltie, Barbara und René: Räume mit Patina. Gerstenberg: Hildesheim 1999

Taut, Bruno: Das japanische Haus und sein Leben. Hrsg. v. Manfred Speidel. Gebr. Mann: Berlin 1998

Wolfe, Tom: Mit dem Bauhaus leben. From Bauhaus to our house. Athenäum: Frankfurt a. M. 1981

Zumthor, Peter: Architektur denken. Birkhäuser: Basel, Berlin, Boston 1998

Zur Nieden, Günter und Christian Ziegert: Neue Lehmhäuser International. Bauwerk: Berlin 2002

Architekten und Bildnachweis

Autor und Verlag danken den Architekten und Fotografen für ihre Unterstützung. Die Vorlagen für die Abbildungen im Buch wurden von den genannten Fotografen zur Verfügung gestellt oder stammen aus dem Archiv der Architekten.

Allen, Jack & Cottier
architects
59 Buckingham St.
Surry Hills
N.S.W. 2010 Australia
Fotos Seite 13 links: D. Moore;
rechts: M. Tuckson

Anderhalten Architekten
Köpenicker Straße 48/49
10179 Berlin
E-Mail: architekten@anderhalten.de
Fotos Seite 123: W. Huthmacher

archifactory.de
Hermann + Koch Architekten
Markstraße 254
44799 Bochum
E-Mail: info@archifactory.de
Fotos Seite 103: Archiv

Auer + Weber Architekten
Georgenstraße 22
80799 München
E-Mail: muenchen@auer-weber.de
Fotos Seite 60, 62, 63: Roland Halbe

B+E-G
Baumschlager-Eberle GmbH
Lindauer Straße 31
6911 Lochau
Österreich
E-Mail: office@be-g.com
Fotos Seite 109, 110, 111: E. Hueber

Architekturbüro
Peter Böhm
Auf dem Römerberg 25
50968 Köln
E-Mail: peter-boehm@netcologne.de
Fotos Seite 97: Lukas Roth

Brückner + Brückner
Architekten
Franz-Böhm-Gasse 2
95643 Tirschenreuth
E-Mail: mail@architektenbrueckner.de
Fotos Seite 91: Peter Manev

Buschow Henley
Architects
21 Little Portland Street
London W1N 5AF
Großbritannien
E-Mail: studio@buschowhenley.co.uk
Fotos Seite 104, 105: Nicholas Kane

Gonçalo Byrne
Arquitectos Lda
Rua Escola Politecnica 285
1250-01 Lisboa
Portugal
E-Mail: gbyrne@mail.telepac.pt
Fotos Seite 50, 51: Lang, Malhao

Chestnutt - Niess
Architekten
Köpenicker Straße 48/49
10179 Berlin
Fotos Seite 113: W. Huthmacher

Diener + Diener
Architekten
Henric-Petri-Straße 22
4051 Basel
Schweiz
Fotos Seite 52, 53, 55: Roland Halbe

Edmaier Architekten
Köpenicker Straße 48/49
10179 Berlin
E-mail: christine.edmaier@t-online.de
Fotos Seite 86: Archiv; 88, 89: Oliver Heißer

gmp
von Gerkan, Marg und Partner
Elbchaussee 139
22763 Hamburg
E-Mail: hamburg-e@gmp-architekten.de
Fotos Seite 48, 49, 57 rechts, 58:
Klaus Frahm
3, 57 links, 59: Jürgen Schmidt

Gigon + Guyer
Architekten
Carmenstraße 28
8032 Zürich
Schweiz
E-Mail: info@gigon-guyer.ch
Fotos Seite 43, 44, 45: Heinrich Helfenstein;
71: arazebra/Helbling+Kupferschmied

der hausladen
Fürst-Klingholz-Niedermaier
Baldestraße 19
80469 München
E-mail: der.hausladen@gmx.de
Fotos Seite 107: Gerrit Engel/Archiv

Hermann & Valentiny
und Partner
Rainergasse 4
1040 Wien
Österreich
E-Mail: office@hv-wien.at
Fotos Seite 69: G. G. Kirchner
75, 76, 77: Archiv

Panu Kaila
Liisankatu 16 P
00170 Helsinki
Finnland
E-Mail: panu.kaila@oulu.fi
Fotos Seite 128, 129, 130, 131:
Arietta Kaila

Hans Kneidl
Architekt
Rummelstrasse 5
92637 Weiden
E-mail: architekt@hanskneidl.de
Fotos Seite 20: Archiv

Lacaton & Vassal
architectes
2, rue de la Manutention
75 116 Paris
Frankreich
E-Mail: lacaton.vassal@wanadoo.fr
Fotos Seite 21: Philippe Ruault

Prof. Arno Lederer
Jórunn Ragnarsdóttir
Marc Oei
Architekten
Kornbergstraße 36
70176 Stuttgart
E-Mail: mail@archlro.de
Fotos Seite 119, 120, 121: Roland Halbe

Meck Architekten
Kellerstraße 39
81667 München
E-Mail: office@ meck-architekten.de
Fotos Seite 78, 80, 81: Michael Heinrich

Morger & Degelo
Architekten BSA SIA
Spitalstraße 8
4056 Basel
E-Mail: mail@morger-degelo.ch
Fotos Seite 73: Ruedi Walti

Souto de Moura
Arquitectos Lda
Rua do Aleixo, 53 1° A
4150-043 Porto
Portugal
E-Mail: souto.moura@mail.telepac.pt
Fotos Seite 93, 94, 95, Umschlagrückseite:
Luis Ferreira Alves

Architekturbüro Pernthaler
Beethovenstraße 22
8010 Graz
Österreich
E-Mail: architekt@pernthaler.at
Fotos Seite 83, 84, 85: Paul Ott

pool Architektur ZT GmbH
Weyringergasse 36/1
1040 Wien
Österreich
E-Mail: pool@helma.at
Fotos Seite 38, 39, 41: Herta Hurnaus

RCR arquitectos
Aranda Pigem Vilalta
Passeig de Blay 34/ 2on
17800 Olot
Spanien
E-Mail: rcr.arquitectes@coac.net
Fotos Seite 47, 65, 67: Eugeni Pons

Reitermann & Sassenroth
Architekten
Am Messehaus 16
90489 Nürnberg
Fotos Seite 115, Umschlagvorderseite:
Bruno Klomfar

Sander Architecten
Herengracht 66
1015 BR Amsterdam
Niederlande
E-Mail: esander@euronet.nl
Fotos Seite 99: Rob van Gool

Ushida Findlay
Architects
4–8 Rodney St.
London N19JH
Großbritannien
E-Mail: info@ushidafindlay.com
Fotos Seite 117: James Harris

Sarah Wigglesworth
Architects
10 Stock Orchard Street
London N79RW
Großbritannien
E-Mail: mail@swarch.co.uk
Fotos Seite 125, 127: Paul Smoothy

Zucchi architetti
Via Tiziano Vecellio 9
20145 Milano
Italien
E-Mail: czarch@tin.it
Fotos Seite 100, 101: Archiv

Fotos Seite 6, 7, 8:
Petra Gumbrecht

Dank

An dieser Stelle möchte ich allen beteiligten Architekten und Fotografen, ohne deren Mitwirkung dieses Buch nicht hätte entstehen können, meinen Dank aussprechen. Insbesondere bedanke ich mich bei Prof. Jeremy Till, Dekan der Architekturfakultät in Sheffield, für die Abdruckgenehmigung seines kritischen Artikels »Thick Time«. Unverzichtbare Beiträge haben der Künstler Oliver Boberg, die Silberschmiedin Annette Zey und der Fotograf Rudolf Ott mit branchenfremden Aspekten zum Thema eingebracht. Im Vorfeld der Recherche haben mir Hinweise meiner Kollegin Petra Gumbrecht wertvolle Dienste geleistet. Viel Verständnis und tatkräftige Mithilfe erfuhr ich von Cornelia Berg, die die Manuskripte las und Übersetzungsarbeit leistete. Besonders möchte ich mich natürlich bei Andrea Bartelt-Gering und Carla Freudenreich von der Deutschen Verlags-Anstalt bedanken, ohne deren Unterstützung und Beratung eine Veröffentlichung nicht möglich gewesen wäre. Zu guter Letzt sei hier all jenen gedankt, die hinter den Kulissen bei der Entstehung des Buches mitgewirkt haben, vor allem der Grafikerin Iris von Hoesslin, die dem Buch das Erscheinungsbild gab. Im Namen all der Beteiligten wünschte ich mir, dass dem seit Jahren vernachlässigten oder missverstandenen Thema durch die Veröffentlichung wieder ein kritisches Verständnis zu Teil werde.